# DES

# DROITS DE SUCCESSION

## DES ENFANTS NATURELS

### EN DROIT ROMAIN ET EN DROIT FRANÇAIS

PAR

### André POTTIER

AVOCAT

PARIS

LIBRAIRIE NOUVELLE DE DROIT ET DE JURISPRUDENCE

ARTHUR ROUSSEAU, ÉDITEUR

14, RUE SOUFFLOT ET RUE TOULLIER, 13

1895

# DES
# DROITS DE SUCCESSION
## DES ENFANTS NATURELS
### EN DROIT ROMAIN ET EN DROIT FRANÇAIS

## THÈSE POUR LE DOCTORAT

L'ACTE PUBLIC SUR LES MATIÈRES CI-APRÈS 

*Sera soutenu le Mercredi 23 Janvier 1895, à 2 heures 1/2.*

PAR

Aɴᴅʀé POTTIER

AVOCAT

*Président :* M. GLASSON.

*Suffragants :* { MM. PLANIOL, WEISS, } *professeurs.* JAY. *agrégé.*

PARIS

LIBRAIRIE NOUVELLE DE DROIT ET DE JURISPRUDENCE

ARTHUR ROUSSEAU, ÉDITEUR

14, ʀᴜᴇ SOUFFLOT ET ʀᴜᴇ TOULLIER, 13

1895

La Faculté n'entend donner aucune approbation ni improbation aux opinions émises dans les thèses ; ces opinions doivent être considérées comme propres à leurs auteurs.

GRANDE IMPRIMERIE DE BLOIS. — PAUL GIRARDOT ET C<sup>ie</sup>

A MONSIEUR *CHUDEAU*,

PRÉSIDENT A LA COUR D'APPEL D'ANGERS,

*En témoignage de ma respectueuse sympathie.*

*A. P.*

(Janvier 1895).

# BIBLIOGRAPHIE

**Augée-Dorlhac.** — De la condition juridique des enfants naturels dans le passé, dans le présent, dans l'avenir. (Compte rendu de cet ouvrage par Léon Lallemand, dans le *Bulletin de la Société de Législation comparée*, 1892-1893, p. 355.)

**D'Argentré.** — *Coutume de Bretagne*, t. 3, pp. 319 et sts.

**D'Aguesseau.** — *Dissertation sur les bâtards*, t. VII, pp. 381-383.

**Boissonade.** — *Histoire de la Réserve.*

**Benech.** — *De l'illégalité de l'adoption des enfants naturels.*

**Bufnoir.** — Étude sur le droit de famille, dans le projet de Code civil allemand. (*Bulletin de la Société de Législation comparée*, n° du 7 juillet 1890.)

**Glasson.** — *Histoire du Droit et des Institutions de l'Angleterre*, t. VI.

**De la Grasserie.** — Traduction du Projet de code civil allemand. (Compte rendu par Jules Challamel, *Bulletin de la Société de Législation comparée*, 1892-1893.)

**Esmein.** — *Le Délit d'Adultère à Rome.*

**Émile de Girardin.** — *Le Mariage libre en France.*

**W. Belime.** — *Philosophie du Droit.*

**Paul Gide.** — Étude sur la condition de l'enfant naturel et de la concubine dans la Législation romaine. (*Nouvelle Revue historique du Droit Français et Étranger*, année 1880, p. 376 et sts., 409 et sts.)

**Cadet**. — *Études morales sur la Société contemporaine — Le Mariage en France.*

**Caillemer**. — *Le Droit des Successions légitimes à Athènes.*

**Loiseau**. — *Traité des Enfants naturels.*

**Desquirou**. — *Le Nouveau Furgole* ou *Traité des Donations et Testaments* (pp. 198-214, t. I.)

**Jean-Baptiste Flaust**. — *Explication de la Coutume et de la Jurisprudence de Normandie*, t. I, pp. 683-686.

**Léon Roux**. — *Le Droit de Sépulture.*

**Lehr**. — *Droit Russe.*

**Lehr**. — *Code de Zurich.*

**Morillot**. — *Condition des Enfants nés hors mariage.*

**Lepelletier**. — *Code civil Portugais.*

**Levé**. — *Code civil Espagnol.*

**Mackensie Wallace**. — *Russia*, t. I, p. 136.

**Vernet**. — *Traité de la Quotité disponible.*

# INTRODUCTION

La condition légale des enfants naturels est une des
questions les plus délicates que le législateur ait à
résoudre. Le problème est complexe et dans ses données
rentrent des éléments multiples qu'il faut se garder d'envisager isolément, si l'on veut lui donner une solution
satisfaisante. L'organisation de la famille est en jeu et les
principes de stricte équité qui tendent à l'assimilation des
enfants naturels aux enfants légitimes se trouvent en
contradiction avec les exigences des intérêts vitaux de la
société. Le législateur de l'époque intermédiaire, obéis-
sant au sentiment d'égalité qui inspirait toutes ses décisions, ne craignit pas d'accorder aux enfants naturels les
mêmes droits de succession qu'aux enfants légitimes. Il
fit pourtant une restriction en ce qui concerne les enfants
adultérins et incestueux auxquels il n'accorda que des
aliments dans la succession de leurs parents. Cette réserve
était une bien grave concession aux adversaires de la
réforme. N'était-ce pas reconnaître qu'il existe des intérêts
supérieurs qu'il faut absolument sauvegarder, même au
prix de pénibles sacrifices ? S'il est vrai que la famille, telle
que nous la comprenons, est un des rouages nécessaires au

bon fonctionnement de la machine sociale, il serait puéril,
pour protéger des intérêts individuels, de courir le risque
de rompre l'équilibre des institutions.

Le sujet a provoqué les pensées des moralistes et des so-
ciologues, la verve des écrivains, les recherches des législa-
teurs, la sagacité des interprètes. Il serait intéressant
d'envisager la question sous ces multiples aspects, et
notamment de grouper les solutions législatives qui lui
furent données à travers les âges, de dégager de cet
ensemble de législations disparates, les influences sociales,
politiques et religieuses qui en guidèrent l'évolution.

Nous verrions, en étudiant la loi grecque, que, pour
hériter à Athènes, il fallait avoir l'ἀγχιστεια et que les
enfants naturels en étaient privés ; que la capacité de
recueillir des libéralités testamentaires était restreinte et
que les enfants naturels ne pouvaient recueillir que des
legs de modique importance (νοθεια) : « νοθου μηδε νοθη.σ
« ειναι αγκιστειαν μητε ιερων μητε οσιων (1) ».

Les Romains durent leur puissance au caractère sacré
de leurs foyers et à l'austérité de leurs mœurs. Pendant
de longues années, l'enfant naturel fut considéré comme
un étranger à la famille. Cicéron s'exprimait ainsi sur
l'influence du mariage sur la formation d'une société :
« Prima societas in ipso conjungio est, proxima in liberis,
« deinde una domus. Id autem est principium et quasi
« seminiarium réipublicæ ». L'affaiblissement du lien conju-
gal coïncida avec le relâchement des mœurs, et Proudhon,

(1) Démosthènes.

en cherchant les causes de la grandeur et de la décadence des Romains, a pu dire : « Une telle race était faite pour « conquérir le monde. Mais voici qu'avec la religion nup- « tiale, la pudicité s'est envolée et les mêmes hommes, les « mêmes femmes qui ont étonné le monde par leur chas- « teté, l'étonneront par leur luxure ».

Nous n'étudierons que la législation Romaine et la législation Française et ne traiterons que l'un des aspects de la question, celui qui concerne les droits de succession des enfants naturels, au seul point de vue de l'étude des textes et des dispositions de la loi positive.

Certes la matière a fait l'objet de savantes études et nous n'ambitionnons pas le mérite de faire une œuvre nouvelle. Mais au point auquel en est arrivé ce grand problème social, il appartient à chacun, dans la limite de ses forces, d'en peser tous les termes et d'en dégager le sens et la portée générale. Dans une société dont tous les membres participent directement ou indirectement aux pouvoirs publics, chacun a son rôle tracé, quelque modeste qu'il soit, dans la recherche de la vérité et de la justice.

# PREMIÈRE PARTIE

## DES
# DROITS DE SUCCESSION
## DES ENFANTS NATURELS
### DANS LA LÉGISLATION ROMAINE

La famille Romaine formait au début une unité religieuse (sacra familiæ, sacra gentis) et politique, sous l'action unique et toute puissante du père de famille.

Le pater-familias concentrait tous les pouvoirs entre ses mains. Il était le grand propriétaire et le grand justicier des membres de la famille et son autorité n'avait d'autres bornes que celles commandées par l'honneur de la famille et le culte des dieux domestiques. « La propriété ne pou-
« vant se partager, dit M. Fustel de Coulanges, ni la
« femme ni le fils n'en avaient la moindre part. La dot de
« la femme appartenait sans réserve au mari qui exerçait
« sur les biens dotaux, non seulement les droits d'un
« administrateur, mais ceux d'un propriétaire. Tout ce que
« la femme pouvait acquérir durant son mariage, tombait
« dans les mains du mari » (1).

(1) Fustel de Coulanges, *Cité antique*, ch. VII.

Le père de famille était le « *magistratus domesticus* », comme l'appelait Senèque ; il faisait entrer dans la famille ceux qui pouvaient augmenter son prestige et contribuer à sa gloire ; il chassait au contraire tous ceux qu'il jugeait incapables de devenir des éléments de force et de puissance. Le vieux droit romain abondait en moyens donnés au père de famille d'élargir ou de restreindre le cercle de la famille (adoption, émancipation, manus, mancipation). Par l'institution de la manus, la femme tombait en puissance du mari et devenait juridiquement la fille de son mari et la sœur de ses propres enfants.

La famille romaine est le type de la famille civile, dont l'organisation est artificielle et dont les divers éléments sont reliés entre eux par des liens d'autorité, non de protection. On comprend que sur de telles bases, la famille romaine ait résisté longtemps aux causes de dislocation et qu'elle ait conservé, pendant de longues années, la pureté de son originalité primitive.

Quelle pouvait être dans cette antique société, la condition légale des enfants naturels ? Et d'abord précisons la signification de ces mots « enfants naturels ». Dans notre législation, le terme n'est pas susceptible de recevoir plusieurs acceptions et désigne d'une façon générale tous enfants conçus en dehors du mariage. Cela tient à ce que notre droit ne consacre qu'une union légale. Il s'en faut de beaucoup pour qu'il en ait été de même dans la législation Romaine. Étaient naturels, en droit Romain, tous les enfants qui n'étaient pas rattachés à leurs parents par des liens de parenté civile et les justes noces « justæ nuptiæ » étaient la seule union qui produisait des effets civils. Par conséquent, n'étaient pas légitimes les enfants nés du mariage du droit des gens ou mariage entre pérégrins et romains et les enfants nés « ex contubernio » ou mariage entre esclaves. Ces enfants sont qualifiés dans les textes de « *liberi non justi* », par opposition aux *liberi justi* ou enfants nés « ex justis nuptiis ». A côté de ces *liberi non justi*, il faut placer les enfants nés du concubinat et qu'on appelle plus particulièrement *liberi naturales* et enfin les enfants *vulgo quœsiti, spurii*, enfants nés de relations passagères, fruits d'un caprice passager, véritables enfants du hasard. Assez tard, la loi Romaine, pour mettre un frein à la débauche croissante, fut amenée à faire une place à part aux enfants adultérins et incestueux ou enfants nés de relations criminelles « *ex nefario coïtu* ».

Les enfants illégitimes, à Rome, pouvaient donc appartenir à cinq catégories différentes :

— Les enfants nés du mariage du droit des gens.

— Les enfants nés *ex contubernio*.

— Les enfants nés du concubinat.

— Les enfants *vulgo quœsiti*.

— Les enfants adultérins et incestueux.

De ces cinq catégories d'enfants naturels, nous n'étudierons tout d'abord que les trois dernières. Les enfants nés du mariage du droit des gens et du « *contubernium* » sont des enfants issus d'unions véritablement régulières et qui ne sont illégitimes qu'en raison de la conception étroite que les Romains s'étaient formée de leur droit civil et de la condition des personnes. Le vice de leur naissance ne tient pas à l'inconduite de leurs parents mais à la rigueur d'un droit qui se montre avare et jaloux de ses prérogatives. Cette différence qui les sépare des autres enfants naturels justifie la place à part que nous leur réservons dans nos explications.

La famille naturelle n'ayant aucun droit, les enfants naturels ne pouvaient invoquer aucun droit. La reconnaissance était inconnue dans la législation Romaine et les enfants naturels étaient traités comme étrangers à la la famille. La parenté civile seule était prise en considération et c'était d'après elle que s'étaient formés les trois ordres d'héritiers consacrés par la loi des douze tables : héritiers siens, agnats, gentiles. Faut-il s'étonner que les enfants naturels aient été exclus de la succession de leurs parents, puisque l'autorité du pater-familias était suffisante pour détruire le lien civil créé par les justes noces. L'émancipation faisait sortir les enfants de la famille civile et les liberi justi n'étaient alors pas mieux traités que les enfants nés en dehors du mariage. Donc les enfants naturels étaient exclus de la succession ab intestat de leurs auteurs. Aucune distinction n'était à établir entre la succession paternelle et la succession maternelle et il en sera ainsi dans la succession maternelle jusqu'à la « bonorum possessio unde cognati » du préteur. Il résultait de là que l'enfant naturel n'avait ni dieux, ni famille, puisqu'il n'appartenait pas davantage à la famille de sa mère qu'à la famille de son père. « Jure proprio familiam dicimus « plures personas quœ sunt sub unius potestate » (1).

Cette condition de l'enfant naturel résulte implicitement du jeu même des institutions Romaines ; aucun texte ne consacre cette négation de droits chez des enfants dont la loi ignore l'existence. Point n'était besoin de réglementer spécialement une filiation d'où ne découlaient ni droits, ni obligations. « Tant que la famille absorbe l'individu et que « les lois font de la famille une entité politique, elles ne « doivent nullement s'inquiéter des droits de l'enfant na- « turel (2) ».

Il est à remarquer que, du côté de leur mère, les enfants légitimes n'étaient guère mieux traités que les enfants na-turels. La femme n'avait pas d'héritiers siens et les seuls liens civils qui pouvaient l'unir à ses enfants étaient les liens d'agnation, quand, par l'effet de la manus, elle était considérée comme la sœur de ses propres enfants. Dans cette hypothèse, la mère était avec ses enfants dans des rapports d'agnation et ses enfants légitimes pouvaient lui succéder en qualité d'agnats. Par la conventio in manum, la mère sortait de sa famille naturelle pour entrer dans la famille de son mari ; ses enfants, en leur seule qualité d'enfants, étaient étrangers à leur mère, s'ils ne pouvaient

____

(1) Ulpien, L. 195, § 2, d. L. 16.

(2) Augée-Dorlhac, *De la condition juridique des enfants natu-rels dans le passé, dans le présent et dans l'avenir*, p. 18.

en même temps invoquer des liens de parenté civile. Les enfants du premier lit du mari étaient les agnats de la seconde femme tombée en puissance du mari au même titre que les propres enfants de cette femme (1). Il serait donc vrai de dire qu'enfants légitimes et enfants illégitimes étaient les uns et les autres enfants naturels au regard de leur mère et que les liens de parenté naturelle qui les rattachaient à elle étaient impuissants à eux seuls à créer aucun droit, aucun effet civil. Cette égalité de situation entre les enfants légitimes et les enfants illégitimes sera maintenue, et tous les enfants qui sont exclus de la succession de la mère, à l'époque que nous étudions, seront plus tard appelés par le préteur à la « *bonorum possessio unde cognati* » au même titre et sans distinction de faveur au profit des enfants issus des justes noces.

Telle était la condition des enfants légitimes par rapport à leur mère tombée « in manu mariti. » Au début du droit Romain, la femme « in manu mariti » était la seule qui portait le nom de « mater-familias » : « Quoniam non « in matrimonium tantum sed in familiam mariti et in sui « heredis locum venisset, » nous dit Aulugelle.

Cette condition de la femme Romaine qui ne pouvait par elle-même créer une famille a été admirablement caractérisée par Modestin dans cette définition restée célèbre : « Mulier autem familiæ suæ et caput et finis est. »

De ce que la filiation naturelle ne produisait aucun effet civil, il serait inexact de conclure que l'enfant naturel ne

(1) Gaïus, III, § 4, *in fine.*

pouvait jamais invoquer aucun droit de succession. L'exclusion était absolue, si l'enfant ne se prévalait que de sa qualité d'enfant naturel, mais un lien civil pouvait se former par l'adrogation. L'enfant naturel devenait alors héritier sien de son père qui l'adrogeait et des liens d'aguation allaient exister entre lui et les autres enfants placés comme lui sous la puissance de son père adoptif. Il pouvait ainsi arriver que l'enfant naturel soit l'agnat de sa mère, si celle-ci était devenue la femme de l'adrogeant et qu'elle soit tombée sous la puissance de son mari par l'effet de la manus.

La légalité de l'adrogation des enfants naturels a été, bien à tort, selon nous, constestée par M. Benech (1). Mais la grande majorité des auteurs se prononce pour la validité. L'adrogation fut licite jusqu'à l'empereur Justin qui la prohiba de même qu'il prohiba la légitimation. Il est indispensable de s'arrêter sur cette question, dont l'importance est considérable, pour connaître exactement quel était le sort réservé aux enfants naturels par la législation Romaine. Dépendait-il du père de faire entrer son enfant naturel dans sa famille civile par l'adrogation? Dans notre législation, les arguments que l'on peut faire valoir contre la légalité des enfants naturels sont assez puissants. C'est une atteinte, peut-on dire, à la règle de l'incapacité des enfants naturels, un moyen indirect d'échapper à la prohibition de l'article 908 du Code civil. Mais cet argument est sans valeur, quand il s'agit de la législation Romaine. Il n'y a pas légalement d'enfants naturels, puis-

(1) Benech, *De l'illégalité de l'adoption des enfants naturels.*

que les auteurs naturels n'avaient aucun moyen d'établir leur filiation. La question ne saurait être plus douteuse que dans notre législation pour les enfants naturels dont la qualité ne se trouve pas établie par une reconnaissance volontaire ou judiciaire et auxquels l'article 908 reste inapplicable. Cette solution est en tous points conforme à la théorie Romaine de la famille et aux pouvoirs exorbitants du pater-familias. L'examen des textes corrobore notre opinion. C'est notamment un texte de Modestin ainsi conçu : « Inviti, filii naturales, vel emancipati non rediguntur in patriam potestatem ». A quels enfants peut bien s'appliquer l'expression « filii naturales », si ce n'est aux enfants naturels? M. Benech répond à cet argument en faisant observer que l'expression peut fort bien ne viser que les enfants légitimes qui, ayant été émancipés, ont cessé de faire partie de la famille civile et ne sont plus en réalité que des enfants naturels. Mais cette objection repose sur une hypothèse et pourquoi restreindre la signification d'un mot auquel le sens de la phrase donne une portée beaucoup plus générale? M. Benech ajoute que le mot « rediguntur » implique une idée de retour et que les enfants qui sont susceptibles de retomber en puissance par l'adoption sont ceux qui se sont déjà trouvés antérieurement en puissance. L'expression prête, il est vrai, à la critique, mais elle s'applique plus particulièrement aux « emancipati » dont le texte parle et l'on ne comprendrait pas pourquoi le jurisconsulte aurait pris soin de parler des « filii naturales » si cette expression ne faisait qu'un avec les enfants « emancipati » dont il est également parlé. Il est impossible de traduire « filii naturales » autrement que par enfants naturels sans violer arbitrairement le sens des mots. Qu'importe après cela la phrase de Cicéron : « Ut hœc simulata adop- « tio filii quam maxime veritatem illam suscipiendorum « liberorum imitata esse videatur! » Ne faudrait-il pas alors déclarer illégale l'adoption des enfants émancipés, l'adoption n'ayant pas, dans cette hypothèse, pour effet d'imiter la nature, mais de la renforcer?

Mais il ne faut pas oublier que l'adrogation était entourée au début de formalités destinées à en assurer la dignité. L'adrogation était primitivement soumise à l'approbation du collège des Pontifes et devait être consacrée par le peuple (1). L'adrogation (de là vient son nom) était précédée de trois « rogationes » adressées à l'adrogeant, à l'adrogé et au peuple assemblé en curies. Ces formalités préalables étaient de nature à restreindre le nombre des adrogations. Il y avait là un tempérament très grave apporté à la liberté que le législateur laissait uu pater-familias.

Quoiqu'il en soit, il est certain que l'adrogation des enfants naturels fut prohibée par l'empereur Justin et que Justinien maintint cette prohibition (2).

Si les enfants naturels comme tels restaient étrangers

(1) Gelle, *Nuits*, V, 19. — Cicéron, *de domo*, § 13.

(2) Loi 7. *Code de nat. liberis*, V, § 27.
Nov. 74. Cap. 3. — Novelle 89. Cap. 7.

à la famille civile, il faut ajouter qu'ils n'avaient ni plus ni moins de droits que les autres étrangers.

Exclus pour la totalité de la succession ab intestat de leurs père et mère, ils pouvaient au contraire succéder en qualité d'héritiers testamentaires et l'on sait combien était grande à cette époque la liberté de tester, liberté que la loi des douze tables exprime dans les termes suivants : « *Pater familias uti super familia pecuniave sua le-* « *gassit, ita jus esto* ». Ce n'était qu'à défaut de testament que les héritiers civils venaient à la succession et les Romains attachaient une grande défaveur au fait de mourir ab intestat. Il en est tout autrement deans notre législation où la succession ab intestat a pour fondement la volonté présumée du défunt et ne fait que consacrer les affections probables de la personne du défunt. Le rigorisme du vieux droit Romain n'était sans doute pas étranger à la liberté illimitée de tester qu'admettait la loi des douze tables. C'était un moyen de rappeler à la succession ceux qui ne pouvaient invoquer que des liens de parenté naturelle. A ce point de vue, la loi nous apparaît plutôt comme un correctif apporté à l'organisation artificielle de la famille civile. D'autre part, il était logique dans une société qui reposait sur la puissance absolue du pater-familias de laisser à celui-ci la faculté de choisir son successeur, de même qu'on lui laissait, de son vivant, la faculté de composer les éléments de sa famille. Comme l'indique l'expression « legare », le testament avait la force et la valeur d'une loi, il en avait aussi le caractère sacré. Il était de toute importance dans cette société aristocratique de permettre au père de famille de choisir celui qu'il jugerait digne de succéder aux « *sacra* » de la famille. Cicéron a pu dire en parlant du testament « in publicis actis nihil « esse lege gravius, in privatis firmissimum esse testa- « mentum (1) ».

Donc l'enfant naturel pouvait être institué héritier ; mais, en fait, cette liberté de tester n'était pas sans limites et le législateur ne pouvait manquer d'exercer son contrôle dans le but de maintenir à Rome l'austérité primitive des mœurs qui faisait la force et la grandeur du peuple Romain. Les premières formes du testament furent le testament « calatis comitiis » et le testament « in procinctu », et la volonté du testateur ne pouvait devenir loi qu'avec l'approbation du peuple réuni en assemblée (2). Ces anciennes formes du testament faisaient que l'enfant naturel ne pouvait pas être institué par sa mère, puisque la femme n'avait pas accès aux Assemblées. Plus tard, il est vrai, la femme put tester, mais il lui fallut encore l'auctoritas de son tuteur, qui était son héritier présomptif et ne devait pas donner facilement un consentement qui avait pour effet de lui enlever le

(1) Cicéron, *Philipp.*, II, 42.

(2) « La cité enveloppe et domine la famille. Pour que la volonté « du père s'accomplisse, il faut que le testament soit accepté par les « curies et elles n'aiment pas que le patrimoine sorte de la famille ». Duruy, *Histoire des Romains*, t. I, p. 138.

bénéfice d'une succession éventuelle (1). Il faut observer en outre, et ce ne sont là que des conséquences du droit commun, que la femme in manu, n'ayant pas de biens personnels, ne pouvait rien transmettre par testament. La conventio in manum faisait passer les biens de la femme dans le patrimoine du mari et cela doit s'entendre non seulement des biens que la femme possédait au jour de son mariage mais encore de tous ceux qui pouvaient lui advenir par la suite (2). Les cas dans lesquels la femme pouvait tester étaient bien rares, il fallait supposer le prédécès du pater-familias ; à cette époque seulement la femme pouvait avoir un patrimoine propre, et nous avons dit plus haut que sa volonté n'était pas absolument libre (3).

Telle était la condition légale des enfants naturels au début du droit Romain, c'est-à-dire à l'époque de la loi des douze tables. « C'est vraiment à la loi des douze tables, « dit M. Laferrière, que commence le droit Romain. Avant « cette loi les mœurs de Rome, les lois, les traditions « composaient dans leur ensemble un droit obscur, incer- « tain, mystérieux, soumis à l'influence exclusive des « Pontifes et des Patriciens (4) ». Il est d'ailleurs probable

(1) Gaïus, II, § 118.

    Ulpien, XX, 15.

(2) Gaïus, III, § 83. — II, § 98.

(3) « Nullam ne privatam quidem rem agere féminas sine tutore « auctore..... in manu esse parentium, fratrum, virorum. » — Tite Live, XXXIV, 2.

(4) Laferrière, *Histoire du droit Romain et du droit Français*, t. I, p. 46.

que la loi des douze tables ne fit que consacrer une coutume préexistante. Mais, si l'on remonte plus haut dans l'histoire du droit Romain, on peut conjecturer au contraire qu'il y eut une époque plus ou moins lointaine où la succession ab intestat était la seule connue et où le chef de famille ne pouvait pas, au moins sans l'assentiment des autres membres de la famille, disposer des biens qui formaient le patrimoine familial. Cette conception des droits intangibles de la famille est commune à la plupart des peuples primitifs.

Quoiqu'il en soit, la condition des enfants naturels, à la période que nous étudions, était celle d'étrangers à la famille, et de leur filiation qui demeurait ignorée ne découlaient ni droits, ni incapacités.

Sous l'empire d'influences diverses, le vieux droit civil devait faire place à des institutions moins savantes et d'une complexion moins vigoureuse, mais en définitive plus équitables et plus humaines. Le pouvoir du pater-familias allait cesser d'être une autocratie sans contrôle et la nature allait reconquérir ses droits. Le préteur fut le premier qui osa porter atteinte aux anciens principes « supplendi juris civilis gratia propter utilatem publicam ». C'est à cette période de transition qu'il devient intéressant d'étudier la législation des enfants naturels.

La première réforme fut consacrée en faveur des enfants dans la succession de leur mère. Le préteur créa une classe de successeurs basée sur la parenté naturelle au moyen de la « *bonorum* possessio unde cognati ».

Cette réforme ne concerna pas seulement les enfants nés hors mariage, mais encore les enfants issus « ex justis nuptiis ». Les droits découleront de la cognation et la cognation est une, elle désigne la parenté naturelle. Les enfants émancipés eux-mêmes bénéficieront, dans la succession de leur père, des effets attachés à la cognation « *quia civilis ratio civilia quidem jura corrumpere po-* « *test, naturalia non potest* ».

La bonorum possessio appelle à la succession de leur mère tous ses enfants, quelle que soit leur naissance, fût-elle adultérine ou incestueuse.

Les textes ne parlent que des enfants « *vulgo quœsiti* » mais il est impossible de ne pas étendre la réforme aux enfants nés du concubinat. Le silence du texte s'explique à une époque où le concubinat n'était pas encore organisé et où tous les enfants naturels étaient mis sur la même ligne.

Quoiqu'il en soit, les textes sont formels en ce qui concerne les enfants « *vulgo quœsiti* ».

« Itaque etiam vulgo quœsiti liberi matris et mater « talium liberorum, item ipsi fratres inter se ex hac parte « bonorum possessionem petere possunt : quia sunt invi- « cem cognati (1) ».

Ce texte nous montre bien à quel sentiment avait obéi le préteur en appelant à la succession de leur mère des enfants qui ne sont pas responsables du fait de leur naissance.

(1) L. 2, titre VIII, L. 38, Gaïus.

Mais les cognats n'étaient appelés qu'à défaut d'héritiers siens et d'agnats : « post suos heredes eosque quos inter « suos heredes prœtor et constitutiones vocant, et post « legitimos quo numero sunt agnati et his quos in locum « agnatorum tam supra dicta senatus-consulta quam...... « *proximos cognatos* prœetor vocat (1) ».

Il ne saurait être question dans la succession de la mère d'héritiers siens, puisque la femme ne peut pas avoir la patria potestas. Mais on comprend combien la réforme est encore incomplète, alors qu'il faut épuiser la liste des agnats. La présence de l'agnat le plus éloigné suffit pour rendre impossible la bonorum possessio « etiamsi longissimo gradu sit (2) ».

Les cognats partagent entre eux par tête, sans distinction de sexe ni de condition, et le plus proche exclut le plus éloigné (3) « *proximos cognatos* ».

Donc les enfants légitimes ont les mêmes droits que les enfants naturels et, parmi ces derniers, aucune exception n'est faite pour les enfants adultérins et incestueux.

Les enfants naturels succèdent à la mère et aux cognats de la mère et s'il y a plusieurs frères, ils succèdent entre eux « item ipsi fratres inter se ».

Mais la bonorum possessio ne donnait pas aux enfants la propriété Quiritaire, mais seulement la possessio in

(1) Just. pr. de succ. cogn., III, 5.

(2) Just. Liv. 3, titre VI, § 12.

(3) L. 1, § 5-8, *unde cognati*. — L. 3, Code VI, § 15. *Unde legitimi* et *unde cognati*.

bonis et les enfants ne pouvaient devenir propriétaires
ex jure Quiritium qu'après avoir acquis la propriété par
un mode d'acquisition du droit civil, par l'usucapion. De
même ces enfants n'étaient jamais héritiers nécessaires,
car la bonorum possessio était un bénéfice qu'il fallait
demander.

Telle était la condition des enfants naturels dans la
succession maternelle à la suite de la réforme prétorienne.
Mais nous avons à rechercher si leur condition avait été
modifiée dans la succession paternelle.

Un point est hors de doute, c'est que les enfants « vulgo
quœsiti » ne pouvaient invoquer aucun droit dans la
succession paternelle. Ces enfants étaient légalement sans
père « spurii ». Mais n'y a-t-il pas lieu de faire une distinction au profit des enfants issus du concubinat? Bien
que la question soit très controversée, nous lui donnons
sans beaucoup d'hésitation une solution négative. Tout
d'abord le texte ne parle que des enfants « *vulgo quœsiti* »
et ne serait-il pas singulier que le législateur se soit
abstenu de faire mention des enfants issus du concubinat,
les seuls pour lesquels la question pouvait se poser vis à
vis du père! Que le texte soit muet en ce qui concerne la
succession maternelle, cela se comprend à la rigueur et
nous pouvons suppléer au silence de la loi par un argument a fortiori, mais ce raisonnement est impossible,
lorsqu'il s'agit de la succession paternelle à laquelle ne
sont certainement pas appelés les enfants « vulgo quœsiti ».
Mais, pénétrons plus avant dans la question et demandons-

nous, si, à l'époque à laquelle nous nous plaçons, il y a
lieu de faire une place à part aux enfants issus du concubinat? Comme le fait justement remarquer M. Accarias, le
concubinat n'avait pas encore d'existence légale au temps
de la réforme prétorienne. Ce n'est que plus tard par
les lois caducaires que le concubinat devint une union
légale, s'il le devint jamais, car nous n'admettons cette
dernière opinion qu'avec la plus entière réserve. Mais
dussions-nous accepter cette doctrine très contestée et que
M. Gide (1) repousse par une argumentation très puissante,
que nous pensons avec M. Accarias que les lois caducaires
n'ont pas eu pour objet d'étendre à la succession paternelle le bénéfice de la bonorum possessio unde cognati.
C'est, en l'absence de textes, la solution qui s'impose à
notre esprit. La réforme du prêteur est le premier tempérament apporté aux rigueurs du vieux droit civil et il convient de ne pas lui donner une interprétation extensive.
En vain objecte-t-on que le prêteur n'avait pas à préciser
davantage et qu'il n'existe qu'une seule cognation, la
« cognatio naturalis ». Cela peut être vrai en soi, mais
nous avons répondu par avance à cet argument qu'il n'y
a pas de cognation là où la cognation ne peut légalement
être établie. Il est vrai que, dans les Institutes, nous
trouvons un passage qui exclut formellement la cognation
servile du bénéfice de la bonorum possessio, d'où l'on a
voulu conclure par un argument a contrario, que s'il n'est

(1) Gide, *Nouvelle revue historique de droit français et étranger.*
*année 1880, pp. 276 et st., — 409 et st.*

pas question de la cognation vis à vis du père, c'est qu'elle est implicitement reconnue. Mais le cas prévu par les institutes est une exception à la bonorum possessio telle que nous la comprenons, et dès lors pourquoi voir dans le texte la base d'un argument a contrario ? Si l'on suit l'évolution du droit Romain sur la constitution de la famille, on comprend la réserve du préteur. Étendre la réforme à la succession paternelle eût été une grave atteinte aux idées traditionnelles. Le père de famille était placé dans une situation particulière et le préteur, qui touchait à la famille de la femme devait hésiter à appliquer les nouveaux principes dans la famille du pater-familias. Il est bien vrai que le préteur reconnaît dans certains cas la cognation vis-à-vis du père, mais cela n'est vrai que lorsqu'au lien de cognation est joint ou a été joint le lien d'agnation. La cognation paternelle à elle seule, et par ses propres forces, était incapable de créer aucun droit. S'il en était autrement, il faudrait accorder aux enfants nés du concubinat, non seulement le droit de succession qui résulte de la bonorum possessio, mais encore le bénéfice de la légitime et de la querella inofficiosi testamenti. Est-il admissible que le législateur n'ait pas consacré par un texte formel une réforme aussi importante ? Mais il faut ajouter que si aucun texte ne reconnaît formellement aux enfants naturels le bénéfice de la bonorum possessio vis à vis du père, beaucoup de textes au contraire semblent faire de la cognation un lien légal qui n'est attaché qu'à la filiation maternelle. Gaïus, Modestin, Paul affirment

que l'agnation se développe par les mâles, la cognation
par les femmes. Gaïus nous dit « vocantur etiam eœ per-
« sonæ quæ per femini sexus personas copulatœ sunt ».
Nous avons un autre texte qui s'exprime dans des termes
analogues. « Qui autem per feminas conjunguntur cognati
tantum nominantur ». Cette opposition entre l'agnation
vis à vis du père et la cognation vis à vis de la mère n'est-
elle pas caractéristique et tout à fait concluante (1) ? Les
Romains, dit M. Gide, « se faisaient de la cognation une
« idée plus étroite et plus grossière qu'on ne pense. De
« même qu'il n'y avait à leurs yeux de parenté civile que
« par les hommes, de même, il ne pouvait y avoir de
« parenté naturelle que par les femmes. Ce qui constituait
« à leurs yeux le rapport naturel de parenté, c'était un
« fait purement physique : non pas le fait de la génération
« que la nature cache et que le juge ne peut cons-
« tater mais le fait de la naissance. Là même loi qui
« attribue les fruits de la terre au propriétaire du sol et
« non à celui de la semence, l'agneau au propriétaire de
« la brebis et le jeune esclave au maître de sa mère, cette
« même loi va régler aussi le sort de l'enfant naturel, cet
« enfant n'a pas de père, il n'a qu'une mère. » L'impossibilité de constater matériellement la paternité n'a-t-elle
pas conduit certaines législations à refuser tout effet à la
paternité même légitime et à soumettre sa constatation à
l'accomplissement de certaines formalités symboliques !

Même à l'époque de Justinien, pense M. Gide, la cogna-

(1) L. 2. — 4, § 2. D.

tion paternelle n'a jamais été reconnue. Les droits que Justinien accorda aux enfants naturels ne furent que la consécration d'un rapport purement individuel indépendant de la parenté naturelle qui relie l'enfant non seulement à son auteur mais aux auteurs de son auteur.

Exclusion complète des enfants naturels vis à vie de leur père, égalité de droits dans la succession maternelle de tous les enfants, quelle que soit leur origine, quelle que soit la régularité ou le vice de leur naissance : tels sont les deux termes de l'opinion à laquelle nous croyons devoir nous arrêter.

« Ces règles, dit M. Gide, n'étaient pas l'œuvre arbi« traire du législateur, elles n'étaient, l'une et l'autre, « que la conséquence logique et nécessaire des principes « constitutifs de la famille, telle que l'antiquité l'avait « conçue ».

La réforme du préteur était encore timide ; la bonorum possessio n'enlevait aux héritiers de la famille civile aucun de leurs droits, elle ne faisait qu'appeler les enfants à leur défaut, si la femme décédait sans qu'aucun agnat se présentât à sa succession. Il faut ajouter que l'ordre de dévolution dans l'ordre des cognats était imparfait. Les cognats qui se trouvaient à égalité de degré partageaient par tête ; il en résultait que l'enfant, succédant à sa mère, partageait avec sa grand'mère qui comme lui était au premier degré. Il en est tout autrement dans notre législation où la loi tient compte non seulement des degrés, mais des ordres et des classes d'héritiers. Cette conception est beaucoup plus conforme à l'ordre des affections. Déjà Papinien critiquait en ces termes l'œuvre du préteur : « Non sic parentibus libérorum, ut liberis « parentium debetur hereditas ; parentes ad bona libero- « rum ratio miserationis admittit, liberos naturæ simul « et parentium commune votum (1) ». Il appartenait au législateur de reprendre l'œuvre du préteur et d'en combler les lacunes. Les anciens documents législatifs de Rome sont muets sur les enfants naturels ; désormais la législation sera fertile en réformes successives jusqu'à la nouvelle 118, dans laquelle Justinien coordonne les réformes de ses prédécesseurs et porte le dernier coup à la vieille famille civile.

Le senatus-consulte Orphitien vient augmenter les droits des enfants naturels dans la succession maternelle en déclarant les enfants naturels héritiers légitimes et en les faisant passer avant l'ordre des agnats. Ce senatus-consulte ne peut être bien compris sans être associé dans nos explications au senatus-consulte Tertullien, qui lui est antérieur et dont il ne fut que la contre-partie.

Le senatus-consulte Tertullien appela la mère à la succession de ses enfants en qualité d'heres legitima, moyennant certaines conditions, dont la principale était le « jus liberorum ». Ce senatus-consulte, dit Montesquieu, « n'est qu'une extension de la loi Papienne ». L'effet de ce senatus-consulte fut de restreindre encore les droits qui avaient été accordés aux enfants dans la succession de

(1) L. 7, p. 1. D. XXXVIII, 8.

leur mère. Le prêteur faisait concourir les enfants et la mère de la défunte qui étaient les uns et les autres au premier degré de cognation. Désormais, les enfants de la défunte pouvaient se voir écarter de la succession maternelle par leur grand'mère, que le senatus-consulte Tertullien appelait à la succession en qualité d'heres legitima. Le senatus-consulte Orphitien eut pour but d'accorder aux enfants, dans la succession de leur mère, les droits que le senatus-consulte Tertullien accordait à la mère dans la succession de ses enfants. L'égalité de situation allait se trouver rétablie entre les enfants et leur grand'mère maternelle. Le senatus-consulte Orphitien continue la réforme du prêteur en ce qui concerne les enfants, de même que le senatus-consulte Tertullien l'avait continuée, en ce qui concernait la mère de la femme décédée. « Imperatorum Antonini et Commodi « oratione in senatu recitata id actum est ut sine in ma- « num conventione, matrum legitimæ hereditates ad filios « pertineant, exclusis consanguineis et reliquis agnatis ». Mais voici un texte de Paul, beaucoup plus expressif et qui nous montre bien à quel vœu répondait la réforme : « Filii « *quœsiti* ad legitimam matris hereditatem adspirare non prohibentur, quia pari jure ut ipsorum matribus, ita ipsis « matrum hereditatem deferri debuerunt (1) ».

De ces textes il résulte que les enfants du premier degré sont appelés par le senatus-consulte Orphitien, rendu sous le règne de Commode, à la succession légitime de leur

(1) Paul, Sent. IV. X. I.

mère et par préférence à leurs frères et sœurs consanguins et à tous autres agnats, alors que la bonorum possessio ne les appelait qu'a défaut d'agnats et en qualité de successeurs prétoriens.

La loi ne tient aucun compte de la nature de la filiation de ces enfants qui ont les mêmes droits, qu'ils soient légitimes ou naturels : « Novissime sciendum est, etiam « illos liberos qui vulgo quœsiti sunt ad matris heredita- « tem ex hoc senatus-consulto admitti (1) ». Ces droits de succession sont attachés à la cognation, à la parenté naturelle, et le lien du sang est le même, quelle que soit la naissance de l'enfant.

La condition exigée pour pouvoir invoquer le senatus-consulte Orphitien était que l'enfant soit citoyen Romain « ad legitimam instestatæ matris hereditatem filii cives Romani, non etiam latini admittentur »,

Les enfants venaient à la succession comme héritiers légitimes et, de même que tous les autres héritiers du droit civil pouvaient invoquer le bénéfice de la « *bonorum possessio unde legitimi* » qui leur procurait l'avantage de l'interdit quorum bonorum qu'ils ne pouvaient pas obtenir en leur seule qualité d'heredes legitimi.

Ainsi, comme le dit M. Ortolan, les enfants ne formaient pas un ordre d'héritiers siens, puisque la mère ne pouvait pas en avoir, mais ils en tenaient la place, étant appelés avant tous les autres.

Mais une question se pose : une femme meurt en laissant

(1) Inst. Liv. 3. tit. 4.

sa mère et un fils. La mère est dans les conditions voulues pour invoquer le bénéfice du senatus-consulte Tertullien et le fils, de son côté, peut se prévaloir du senatus-consulte Orphitien. — Devrons-nous donner la préférence à la mère ou au fils ou bien au contraire seront-ils cohœredes? Aucun texte ne résout cette question. Nous savons que, par la bonorum possessio unde cognati, ces deux personnes viendraient concurremment puisqu'elles sont au même degré de cognation. Mais qu'en est-il dans notre hypothèse? M. Accarias pense que la grand'mère et le petit enfant doivent venir concurremment. La solution nous semble logique et le législateur, dans le senatus-consulte Orphitien, n'a pas manifesté sa préférence pour l'enfant de la femme décédée. Aucun texte ne contredit cette opinion, et, tout au contraire, il semble bien résulter des textes que nous avons cités que la pensée du législateur a été de rétablir l'équilibre rompu pendant un temps au profit de la mère de la défunte par le senatus-consulte Tertullien. Il faudrait croire que la loi supprime une faveur pour en créer une autre, ce qui ne semble pas avoir été la progression suivie. Cette parité de condition, nous l'avons déjà dit, n'était pas conforme à l'ordre des affections. Une constitution des empereurs Gratien, Valens et Valentinien vint décider, plus tard, que les enfants seraient préférés à l'ascendant (1). Mais laissons le temps faire son œuvre, nous ne trouvons aucune décision semblable dans le senatus-consulte Orphitien.

(1) L. 4, code VI, 57.

Les réformes allaient se continuer, rapides, sans interruption. Les petits enfants de la femme décédée n'avaient encore que la ressource de la bonorum possessio unde cognati et le senatus-consulte Orphitien n'avait pas amélioré leur condition. Les empereurs Valentinien, Théodose et Arcadius rendirent, en l'an 389, une constitution qui étendit aux petits enfants, dans la succession de leur aïeule maternelle, le bénéfice du sénatus-consulte Orphitien, sous réserve d'une certaine portion de biens au profit des agnats : « *Postea hoc constitutionibus principalibus* « *emendatum est, ut ad similitudinem filiorum filia-* « *rumque et nepotes et neptes vocentur* ». Mais ce droit de succession ne fut accordé aux petits enfants que sous déduction d'un quart en faveur des agnats (1).

Justinien compléta la réforme en accordant le droit de succession à tous les descendants sans distinction de sexe ou de degré. « *Nepotibus vel pronepotibus cujuscumque* « *sexus* (2) ». Mais Justinien fut le premier qui distingua entre les enfants. Ses prédécesseurs appelaient à la succession maternelle tous les enfants, quelle que soit leur condition ; les enfants naturels adultérins et incestueux succédaient au même titre que les enfants légitimes. Justinien comprit que cette confusion était une grave atteinte à l'institution du mariage et qu'il fallait frapper les parents dans la personne de leurs enfants pour entraver la dépravation des mœurs de son époque. Il prononça une

(1) Loi 4, § 2. Code Théod. de lég. hered.
(2) Liv. VI, tit. 55, loi 12.

incapacité contre les enfants adultérins et incestueux.
Le même empereur exclut de la succession maternelle
les « spurii » de la femme illustre qui décédait en laissant à
la fois des enfants naturels et des enfants légitimes :
« *illustribus castitatis observatio prœcipuum debitum*
« *erat* (1) ».

Justinien, dans sa novelle 89 se montra sévère au
point de déclarer que les parents ne seraient même plus
tenus de nourrir les enfants issus de relations criminelles.
« Primum quidem ex complexibus (non enim hoc voca-
« mus nuptias) aut nefariis, aut incestis, aut damnatis
« processerit, iste neque naturalis nominetur, neque alen-
« dus est a parentibus neque habebit quoddam ad prœsen-
« tem legem participium (2) ». Cette mesure extrême
n'était pas seulement sévère, elle était inhumaine et l'on
peut s'étonner que cet empereur ait pris une pareille décision si peu conforme à l'esprit général de sa législation
sur le droit successoral. Comment expliquer les contradictions d'une loi qui se montre à ce point favorable aux
enfants naturels qu'elle leur accorde, dans la succession
maternelle, les mêmes droits qu'aux enfants légitimes et
qui, au contraire, dispense les parents du devoir d'élever
leurs enfants issus de relations criminelles? Tout ce que
l'on peut dire, c'est que le législateur se voyait impuissant
à relever le niveau de la moralité publique ; les adultères
étaient plus nombreux qu'ils n'avaient jamais été et les

(1) L. 5. Code ad. s. c. Orph. — L. 6, Code de incest. nupt. 5, § 5.
(2) Nov. 89, Cap. XVI.

mesures les plus extrêmes trouvaient leur explication, sinon leur justification, dans les circonstances et les causes qui les avait inspirées. Le remède est-il efficace ? On peut en douter. Ce n'est pas avec des lois qu'on réforme les mœurs d'un peuple. C'est le cas de répéter avec Horace : « *Quid leges sine moribus ?* » L'empereur Auguste, lui aussi, avait légiféré, et sa loi « *de pudicitia et de adulteriis* » réprimait sévèrement l'adultère et punissait le « *stuprum* ». On ne tarda pas à s'apercevoir que c'étaient là de vains efforts et que les causes du mal étaient trop profondes pour ne pas résister à des sanctions pénales. La législation d'Auguste avait au moins le mérite de frapper directement les coupables. C'est une vérité d'expérience que les mesures extrêmes tournent le plus souvant contre le but que l'on s'est proposé. La dette alimentaire est une dette sacrée et immuable et aucun législateur ne peut y porter la main sans outrepasser ses droits et tomber dans l'arbitraire. Cela est surtout vrai dans la législation de Justinien qui reconnaît les droits découlant de la parenté naturelle.

La *novelle 118*, en établissant un système successoral tout entier fondé sur les liens du sang et en divisant les héritiers en trois ordres : les descendants — les ascendants — les collatéraux, maintint l'égalité de droits entre les enfants naturels et les enfants légitimes. La condition des enfants naturels dans la succession maternelle est donc régie par le droit commun de cette nouvelle loi sur les successions. Il faut excepter pourtant les enfants que

Justinien avait exclus à cause du vice de leur naissance.

On peut se demander si les enfants nés de relations criminelles ont été capables de succéder à leur mère jusqu'aux incapacités prononcées formellement par Justinien ? Ce qui rend la question douteuse, c'est que les empereurs Honorius et Arcadius frappèrent de l'incapacité de recevoir par donation ou par testament les enfants nés d'unions coupables et contractées de mauvaise foi, et cela aussi bien en ce qui concerne la mère qu'en ce qui concerne le père. Mais cette incapacité s'étendait-elle aux droits de succession ab intestat ? Malgré le silence de la loi, nous croyons que l'incapacité fut générale. Dès lors que les empereurs frappaient dans la personne de leurs enfants les parents coupables de relations criminelles, il n'y avait pas de bonnes raisons pour distinguer entre la succession testamentaire et la succession ab intestat. Mais faute de texte, nous sommes réduits à des conjectures.

En résumé, les enfants naturels n'ont aucun droit dans la succession ab intestat de leur mère jusqu'à la bonorum possessio unde cognati ; la réforme prétorienne les admet après l'ordre des agnats ; les senatus-consultes et les constitutions postérieures accroissent progressivement leurs droits ; Justinien, et probablement avant lui, les empereurs Honorius et Arcadius frappent d'incapacité les enfants issus de relations criminelles ; l'empereur Justinien va jusqu'à leur refuser le droit aux aliments.

On voit combien vis à vis de la mère la législation fut toujours hésitante. Il en est tout autrement dans les rapports des enfants naturels avec leur père. La réforme se fit tout d'un coup et c'est Justinien qui en fut l'auteur.

L'enfant naturel, jusqu'à Justinien, fut écarté de la succession paternelle, l'exclusion fut absolue. Cela est certain, pour les enfants vulgo quœsiti et nous avons donné la même solution en ce qui concerne les enfants nés du concubinat, auxquels nous avons refusé le bénéfice de la « bonorum possessio ». Justinien innova et créa de véritables droits de succession. Mais, tandis que nous n'avons distingué jusqu'à présent qu'une classe d'enfants naturels, il nous est nécessaire, dans les rapports paternels, de diviser les enfants du père en plusieurs catégories. Les enfants étaient tous appelés à la succession de leur mère en la même qualité et nous aurions presque pu nous dispenser de mentionner à part les enfants naturels. Justinien, au contraire, distingue plusieurs classes d'enfants pour le règlement de la succession paternelle :

(a) *Les enfants légitimes* ;

(b) *Les enfants vulgo concepti* ;

(c) *Les liberali naturales ou enfants nés du concubinat* ;

(d) *Les enfants nés de relations illicites.*

Nous n'avons pas à nous occuper dans cette étude des droits des enfants légitimes.

Les enfants nés de relations illicites furent exclus de la succession paternelle « iste neque naturalis nominetur, « neque alendus est a parentibus, neque habebit quoddam « ad prœsentum legem participium (1) ».

(1) Nov. 89, Cap XVI.

Il en fut de même des enfants vulgo « quœsiti », enfants nés de relations passagères et le plus souvent d'un commerce avec des femmes qui se livraient à la prostitution « quæ corporis quœstum faciebant. » La paternité de ces enfants restait incertaine et dès lors la question du droit de succession ne pouvait pas même se poser. Il aurait fallu préalablement admettre un mode quelconque de reconnaissance, ce que la loi romaine n'a jamais fait.

Ce ne fut donc qu'aux enfants issus du « concubinatus » que Justinien accorda des droits dans la succession paternelle.

Qu'est-ce que le « *concubinatus* » ? par quel terme Français devons-nous traduire cette expresison romaine ? Le « concubinatus » est-il une institution particulière du droit Romain et ne répond-il à aucune union analogue dans nos mœurs actuelles ou bien au contraire ne faut-il voir dans le « concubinatus » que l'union irrégulière que nous appelons aujourd'hui « concubinage » ? était-ce une union légale ou n'était-ce qu'une union licite et simplement tolérée par la loi ?

Cette question est intéressante, puisque les enfants issus du « *concubinatus* » sont les seuls que Justinien appelle à la succession de leur père. Il faut donc soigneusement distinguer le *concubinatus* du *stuprum* et rechercher si les droits des « *liberali naturales* » découlent du caractère légal de l'union ou ne sont au contraire que la conséquence du caractère de permanence qui distingue le « concubinatus » des unions passagères.

Un point est certain. La société Romaine ne réprouvait pas le « *concubinatus* » comme nos mœurs actuelles réprouvent le concubinage. Que l'on appelle le « *concubinatus* » concubinat ou concubinage, qu'on voie dans cette union une simple liaison de fait dépourvue de tout caractère légal ou au contraire qu'on lui attribue des effets légaux, il est certain que les Romains le pratiquaient ouvertement et que la concubine, à laquelle on refusait le beau nom d' « *uxor* » devait son infériorité bien plus à sa classe qu'à son existence irrégulière. Cette indulgence des Romains pour le « *concubinatus* » trouve son explication dans ce fait que le droit civil prohibait le mariage entre certaines personnes, d'où s'était formée à côté des justes noces une union inférieure à laquelle se résignaient ceux qui ne pouvaient contracter valablement mariage.

L'histoire nous apprend que Vespasien, Antonin, Marc-Aurèle et Constantin lui-même, eurent des concubines (1).

Des textes nous montrent que le gouverneur d'une province pouvait prendre pour concubine une femme de sa province, alors qu'il ne pouvait pas la prendre pour épouse « concubinam in ea provincia in qua quis aliquid « administrat, habere potest ».

Nulle part, dans les écrits de l'époque, nous ne trouvons de jugements sévères contre l'homme qui avait une concubine (2).

(1) Duruy, t. VI, p. 544, note 2, p. 544.

(2) Sur des inscriptions funéraires, on voit figurer à côté l'un de

Mais que faut-il en conclure ? Sont-ce là des preuves que le « *concubinatus* » était protégé et consacré par la loi, une sorte de mariage morganatique, union inférieure qui produisait des effets légaux, mais n'élevait pas la concubine au rang du mari (1) ? N'est-il pas plus juste, au contraire, de considérer le « *concubinatus* » comme une union irrégulière analogue à celle que nous désignons du nom de « *concubinage* », avec cette différence que les mœurs du temps la rendaient moins condamnable ?

Il n'est peut-être pas une question qui ait été aussi vivement discutée par les interprètes du droit Romain. Le laconisme des textes est bien fait pour perpétuer la controverse qui ne recevra de solution définitive que par la découverte possible d'un document formel sur la question.

La plupart des auteurs pensent que le « *concubinatus* » était une union légale et désignent cette union sous le nom de « *concubinat* », aucun terme français ne correspondant à « concubinatus » et l'expression Romaine n'étant susceptible que d'une traduction littérale.

Suivant cette première opinion, le concubinat aurait été régularisé par Auguste et l'on en voit la preuve dans un texte du Digeste ainsi conçu : « *Quia per leges concubi-*

l'autre le nom de la femme légitime et celui de la concubine, les noms des enfants légitimes et ceux nés en concubinatu (Gaston May, t. I, p. 134, note 8).

(1) La concubine appelée d'abord pellex fut nommée ensuite concubina et amica.

*natus nomen assumpsit, extra legis pœnam est* (1) ». Ces
lois dont parle le jurisconsulte sont les lois caducaires et
c'est ainsi en effet que les lois caducaires sont souvent
désignées dans les textes. Le concubinat devint légal, dit-
on, du jour où il reçut un nom de la loi qui le reconnais-
sait implicitement (2).

Ce premier argument se trouve corroboré, ajoutent les
partisans de ce premier système, par d'autres textes qui
prévoient diverses hypothèses où le concubinat était
permis ou prohibé en termes formels. D'ailleurs Théodose
n'a-t-il pas défini le concubinat par cette expression caractéristique : « *Inœquale conjugium* » ? Cujas, qui a soutenu
cette opinion, désigne le concubinat par le mot « *semi-
matrimonium* ». Le même auteur s'exprime ainsi
en invoquant à l'appui de sa thèse les inscriptions de
l'époque : « *Concubina uxorem imitatur, ideo vice con-
« jux appellatur in antiquis inscriptionibus* ».

On fait remarquer que le concubinat d'un homme avec
son esclave qu'il affranchissait astreignait la concubine au
devoir de la fidélité. Une union qui produit des effets
légaux peut-elle ne pas être légale ?

Enfin, dit-on, d'autres textes nous disent que le concubinat se distingue des justes noces « *sola animi destina-*

______

(1) L. 3, § 1, d. XXV, § 7. — L. 144 *De verb. significationibus.*
— D. 25, 7, 3, § 1.

(2) Paul Sent., 2, 20. — 1. code, 5, 26.
    Ulpien, Loi. I, § 2,. — Liv. XXV, titre VII.
    Nov. 18, c. 5.

*tione* ». « *Solo dilectu* » (1). Le concubinat est qualifié de « *licita consuetudo, causa non matrimonii* » (2).

Ces multiples arguments tirés de textes qui sont plus ou moins équivoques, n'ont pas convaincu tous les Romanistes et M. Gide (3) s'est efforcé de les réfuter dans une longue dissertation, où se trouvent résumées toutes les raisons puissantes que l'on peut développer à l'appui de la seconde opinion. La conclusion à laquelle s'arrête M. Gide est que le concubinat ne fut jamais une union légale, mais une union licite, non prohibée par les lois « *extra legis pœnam est* ». Cet auteur reconnaît que le concubinat fut soumis par Auguste à certaines conditions en dehors desquelles il devenait une liaison punissable. La loi lui donna un nom pour le distinguer d'une autre union qualifiée de « *stuprum* » et que la loi « de pudicitia » frappait de pénalités rigoureuses.

Il faut se placer à l'époque d'Auguste, pour apprécier quel était l'esprit de la réforme et dans quel but Auguste se voyait dans la nécessité de recourir à toutes ces distinctions. Rome se démoralisait de plus en plus et il était urgent de mettre un frein à la débauche qui envahissait toutes les classes. La dignité du mariage était compromise

(1) Paul Sent., 11, 20.

    D. L. 4. de concubinis XXV, 7.

(2) Code, 6, 57, 5, *in fine*.

    D. 48, 5, 34.

(3) Gide. *L'enfant naturel et la concubine dans la législation Romaine.*

par de nombreux adultères et la chasteté de la femme
Romaine n'était plus qu'un souvenir (1). En même temps
qu'Auguste punissait sévèrement l'adultère, il ne permettait les unions irrégulières que moyennant certaines conditions. Le simple commerce avec des femmes non mariées
n'était licite qu'avec des femmes de condition vile (2) et le
concubinat seul était permis avec des femmes ingénues et
« honnêtes » « stuprum committit qui liberam mulierem
« consuetudinis causa, non matrimonii, continet, excepta
« videlicet concubina » (3). En dehors du mariage, l'homme
n'avait donc qu'un moyen pour rendre impunissable ses
relations avec une femme ingénue, c'était de la prendre
pour concubine et encore fallait-il une testatio formelle (4).
Si l'homme ne certifiait pas par un acte formel qu'il pre-
nait la femme ingénue pour concubine, il commettait un
*stuprum* (5).

Voilà tout ce que veut dire le fameux texte : « per leges
« nomen assumpsit... ». Le concubinat est la seule union
licite avec une femme « honestæ vitæ et ingenua ».

Ce point de départ admis, il devient ensuite facile

(1) Feminæ famosæ ut ad evitandas legum pænas jure ac dignitate
matronali exsolverentur, lenocinium profiteri cœperant (Suetone.
Tibère 35, L. 10, § 2 d., Tacite Ann. II, 85).

(2) « *In quas stuprum non committitur* », l. I, § 2, d. 25, 7.

(3) L. 3, pr. d. 25, 7.

(4) D. 25, 7, 3. — Esmein, *Le délit d'adultère à Rome*, p. 16.

(5) A l'époque d'Auguste, le concubinat fut interdit avec les ma-
trones.

d'expliquer les autres textes que l'on oppose. Modestin veut qu'on ne puisse prendre pour concubine, qu'une femme ayant au moins douze ans : « *fieri potest concubina* « *cujuscumque ætatis dum non sit minor duodecim* « *annorum* ».

Ulpien dit qu'un gouverneur de province peut prendre pour concubine une femme de sa province. Le cas pouvait être douteux, car le gouverneur n'aurait pu contracter avec cette femme de justes noces (1).

Un texte du jurisconsulte Paul défend à l'homme marié de prendre une concubine « eo tempore quo quis uxorem habet, concubinam habere non potest » (2).

Dans toutes ces hypothèses, l'union est illicite et constitue un *stuprum*.

Qu'importe alors cet autre texte du jurisconsulte Paul « *concubina ab uxore solo dilectu separatur* ».? Ce que le jurisconsulte a voulu dire, c'est qu'à cette époque où le mariage n'était pas entouré comme chez nous de formalités le rendant public, il était parfois difficile de distinguer le concubinat des justes noces et qu'il était souvent nécessaire de consulter le caractère de la femme à laquelle on s'unissait pour connaître la véritable nature de l'union.

M. Gide réfute l'argument que l'on tire du devoir de fidélité auquel est astreinte la femme que son patron a prise pour concubine en l'affranchissant, en faisant remar-

(1) Ulpien, L. I, § 2, *De concubinis*, liv. XXV, titre V.

(2) Paul Sent., 2, 20. — 1, Code, 5, 26.

quer que ce n'est là qu'une conséquence du rapport de
dépendance qui unit tout affranchi à son patron. La concubine ne doit pas la fidélité en sa qualité de concubine,
mais en sa qualité d'affranchie.

Tels sont les deux systèmes en présence. Malgré l'absence de textes précis sur la question, nous nous rallions
à l'opinion professée par M. Gide, qui n'est contredite par
aucun texte et nous semble conforme à l'esprit de la
réforme de l'empereur Auguste. Nous acceptons cette
définition du concubinat donnée par Bartole : « *Quœdam*
« *est conjunctio quœ a lege non est approbata nec*
« *improbata, ut coïtus concubinarius* ».

Faut-il maintenant s'étonner de l'indulgence des Romains pour une union à laquelle la loi refusait tout caractère légal ? Nous avons déjà répondu que le concubinat
qui aujourd'hui ne pourrait pas être accepté par nos
mœurs avait sa raison d'être dans une société organisée
comme l'était la société Romaine. Les Romains étaient
fiers de leur vieux droit civil et n'aimaient pas à prodi-
guer ses prérogatives. Pendant longtemps les justes noces
ne furent permises qu'entre certaines personnes. Il fallait
pourtant tenir compte de certaines affections et la coutume acceptait une union que la loi se refusait à revêtir
du caractère légal des justes noces. Quand la loi, plus
tolérante et plus large, eut fait tomber une à une les bar-
rières qui s'opposaient au mariage, le concubinat ne cessa
pas d'être admis par les mœurs Romaines. La Société
Romaine était éminemment aristocratique et avait hor-

reur des mésalliances, mais le concubinat ne faisait pas entrer la femme dans la famille et ne confondait pas les classes. Il ne faut pas oublier en effet que si le concubinat était licite, même avec des femmes ingénues, les concubines étaient le plus souvent des femmes de condition inférieure : « In concubinatu potest esse et aliena liberta et ingenua ; maxime ea quæ obscuro loco nata est, vel quœstum corpore fecit (1) ».

Nous connaissons quels sont les enfants auxquels Justinien accorda des droits dans la succession paternelle. Ce sont les enfants naturels nés du concubinat, de cette union licite, non légale, et qui se distingue du *stuprum* qui est au contraire une union irrégulière punissable.

Mais quelle est la quotité de ces droits de succession ? — Deux hypothèses sont à prévoir : ou le père naturel ne laisse ni uxor, ni enfants légitimes, ou au contraire il laisse l'un quelconque de ces héritiers. Dans ce dernier cas, l'enfant naturel était exclu de la succession paternelle et n'avait droit qu'à des aliments ; dans la première hypothèse au contraire les enfants naturels pouvaient prétendre à 2/12 sur lesquels leur mère avait droit à une part virile (2) : « *Tunc enim damus eis ab intestato ad duas* « *uncias vocationem* ».

Ces droits de succession ab intestat n'étaient accordés que dans la succession ab intestat du père, et l'enfant naturel restait légalement étranger à son grand père pa-

(1) D. 25, 7, 3.
(2) Nov. 89, cap. 12, §§ 4 et 6.

ternel, c'est ce qui résulte de la novelle 89 qui confirme sur ce point une constitution antérieure de Justinien (1) « jura etenim ab intestato in avi successionem nemini « eorum penitus aperimus ».

Le côté vraiment original de cette législation est la portion que la novelle de Justinien accorde à la concubine sur la part héréditaire de ses enfants.

L'Église elle-même eut pendant quelques années une certaine indulgence pour le concubinat.

Les Pères du premier Concile de Tolède, en 400, s'exprimaient ainsi en leur dix-septième canon : « *Qui non habet uxorem et pro uxore concubinam habet a communione non repellatur* ». Saint Isidore, évêque de Séville, s'est exprimé ainsi : « *Christiano non duas simul habere licitum est, aut uxorem aut certo loco uxoris concubinam* (2) ».

Il y avait là une situation acquise que l'on ne pouvait heurter et que l'évolution lente des nouvelles idées religieuses rendrait seule condamnable. Puis le concubinat était dû principalement au rigorisme du droit civil et à la raideur des classes élevées de la société Romaine. La nouvelle religion venait proclamer que les hommes sont tous frères, mais cette grande révolution d'idées ne pouvait pas s'accomplir en un jour.

Le concubinat, de même que toute autre union irrégulière, ne devait pas être toléré pendant longtemps par le

(1) Nov. 89, cap. 12, § 6. — L. 12 c. *De natur. liberis*, V, 5.
(2) Duruy, t. 6, p. 24, note 2. — P. 544, *Histoire des Romains*.

christianisme. Chacun connaît en quels termes saint Augustin flétrit cette union : « Præcipue temporibus Chris-
« tianis concubinas habere nunquam licuit, nunquam
« licebit..... qui ante legitimas nuptias concubinam sibi
« adhibere præsumit pejus peccatum facit quam qui
« adulterium commisit, quia qui adulterat adhuc tam grave
« malum secreto vult agere ; ille vero qui publice concu-
« binam habere voluerit fronte impudentissima rem
« exsecrabilem toto populo vidente, licenter se putat
« admittere ».

C'est encore saint Augustin qui s'écrie : « Audite, caris-
« simi, fornicari vobis non licet et si non habetis uxores,
« non tamen licet vobis habere concubinam ». Ce qui
était défendu par l'Église fut frappé de peines par les
empereurs Byzantins (1), mais le législateur s'en tint à la
sanction pénale et les enfants conservèrent les droits de
succession que la législation de Justinien leur avait
conférés. L'Église développera son influence dans la Gaule
et nous verrons que sous son action, les enfants seront
exclus, dans notre ancien droit Français, tant de la succession paternelle que de la succession maternelle et qu'ils
ne pourront plus réclamer que des aliments.

Tels sont les droits de succession ab intestat des enfants
naturels dans la dernière période du droit Romain. Nous
devons rechercher quelle était leur capacité d'acquérir
des dons et legs. Une seconde question reste encore à
examiner : Dépendait-il du père de les exclure de tout

(1) Léon, const. 91.

partage ? le bénéfice de la légitime pouvait-il être invoqué par les enfants naturels ?

Il est tout d'abord certain, c'est un point que nous avons étudié, que les enfants naturels ont eu pendant longtemps les mêmes droits que les personnes étrangères à la famille auxquelles ils étaient assimilés. Pendant cette période, c'est dans l'étude de l'exhérédation qu'il faut rechercher la limite et l'étendue de leur capacité d'acquérir.

Du jour où les enfants naturels eurent des droits de succession ab intestat, il leur fut loisible d'attaquer le testament pour *inofficiosité*. S'agit-il de la succession maternelle : les enfants naturels avaient droit à la même légitime que les enfants issus « *ex justis nuptiis* », de même qu'ils avaient les mêmes droits de succession ab intestat qu'ils pouvaient réclamer les uns et les autres par la *bonorum possessio unde cognati*. Mais il faut se rappeler que la *bonorum possessio* n'appelait les enfants à la succession de leur mère qu'à défaut d'agnats. Ce n'est que plus tard que la légitime devint efficace par la législation qui augmenta les droits des enfants naturels et plus généralement les droits des cognats dans la succession ab intestat de leurs parents maternels. *S'agit-il de la succession paternelle :* de même que nous avons refusé aux enfants naturels le bénéfice de la bonorum possessio, de même nous leur refusons le bénéfice de la légitime. Les deux points restent controversés, nous avons exposé nos arguments en faveur de la négative. L'empereur Justinien ayant accordé aux enfants naturels des droits dans la succession de leur père, nous déciderons qu'à dater de cette époque, les enfants naturels pouvaient invoquer le bénéfice de la légitime. Ils ne s'agit toujours que des enfants issus du concubinat, non des enfants *vulgo concepti* ou enfants ne pouvant, en fait ou en droit, invoquer aucune paternité : « Qui patrem demonstrare non possunt, « vel qui possunt quidem, sed eum habent quem habere « non licet (1) ».

Les enfants ont droit à *la quarte légitime* « *quarta* « *légitimæ partis* ». Tantôt il feront tomber le testament par la querela, s'ils n'ont rien reçu du défunt : tantôt ils ne pourront qu'exercer l'action en *complément* (2), s'ils ont reçu une libéralité du défunt. Cette dernière distinction est une innovation de Justinien qui sous-entend, dans les libéralités faites aux enfants, la clause « *ut quarta* « *arbitratu boni viri repleatur* », clause que le disposant devait auparavant exprimer dans sa disposition, pour que l'enfant ne puisse pas faire tomber le testament dans son entier par la querela, quel que soit l'écart entre la part reçue et sa quarte légitime.

Justinien, dans sa novelle 18, augmenta la légitime en la fixant au tiers de la succession, lorsque le testateur ne laissait pas plus de quatre enfants ou à la moitié, si le nombre des enfants était supérieur à quatre. En même temps, Justinien déterminait limitativement les causes

(1) Gaïus 1, § 64.
(2) Liv. 2, titre XVII, pp. 2, 3, 6, 7, Instit.

d'exhérédation qui étaient laissées auparavant à l'appréciation du juge.

Nous ne dirons rien sur la querela inofficioci testamenti, sa nature, ses effets. Nous devions nous borner à l'étudier dans son application particulière aux enfants naturels sans insister sur les détails d'une institution qui est commune à tous les descendants, quelle que soit leur origine.

On s'explique fort bien pourquoi les Romains accordaient une légitime aux enfants naturels. Comme l'indique le terme « *inofficieux* », la légitime découlait de l'*officium pietatis* et la paternité engendre les mêmes devoirs, qu'elle soit légitime ou qu'elle soit naturelle. La légitime Romaine est une réaction contre la rigueur de l'ancien droit Romain et contre les pouvoirs exorbitants du pater-familias.

Les enfants naturels ne furent pas toujours considérés comme de simples étrangers à la famille, au point de vue de leur capacité d'acquérir des libéralités. Même avant Justinien, leur capacité fut restreinte. Ce fut d'abord l'empereur Constantin qui prohiba toute libéralité entre vifs ou testamentaire. Plus tard une constitution de Gratien, Valens et Valentinien fit une distinction selon la qualité et le degré de parenté des héritiers laissés par le défunt. Cette constitution, insérée au Code Theodosien, établit la distinction suivante : si le père naturel laisse des descendants légitimes ou des ascendants au premier degré, il ne pourra disposer que du douzième de ses biens au profit de ses enfants naturels et de sa concubine venant en concours avec eux ; celle-ci ne pourra recevoir que 1/24 dans tous les cas où elle ne concourt pas avec des enfants naturels ; si le père ne laisse ni descendants légitimes, ni ascendants au premier degré, les libéralités ne seront réduites que si elles dépassent le quart des biens (nov. 89, cap. 12. pr.). Justinien augmente la capacité des enfants naturels ; dans sa novelle 15 (chap. 5), il accorde aux enfants naturels et à la concubine du défunt, la capacité de recevoir 1/12 s'il y a des descendants ; la 1/2 dans tous les autres cas. La novelle 89 supprime toute restriction, s'il n'y a pas de descendants légitimes.

Déjà nous avons constaté que Justinien donne à la concubine, qui vient en concours avec des enfants naturels, un droit de succession ab intestat. À l'inverse, nous voyons la législation Romaine limiter la capacité de recevoir de la concubine. Rien de semblable dans notre législation où la concubine est en tous points considérée comme une étrangère. Tout au plus, la jurisprudence prononce-t-elle la nullité de la libéralité pour cause illicite et encore cette jurisprudence prête-t-elle fortement à la critique qui lui reproche de confondre le cause avec les motifs de la disposition. Ce rapprochement de la législation Romaine avec la législation Française, est curieux à un autre titre : une constitution de Justinien (loi 12, code de natur. lib. V, 5), décide que le petit-fils naturel ne succèdera pas à son grand père naturel et limite la capacité de recevoir de l'aïeul à celle de l'enfant naturel du premier degré : 1/2 en présence des

descendants légitimes, la totalité dans tous les autres cas.
Dans notre droit, au contraire, le petit enfant naturel
n'est frappé d'aucune incapacité spéciale vis-à-vis de son
aïeul qui peut l'avantager comme il l'entend dans la
limite de la quotité disponible ordinaire.

Justinien maintint pour les enfants adultérins et incestueux, l'incapacité de recevoir qu'avait prononcée une
constitution des empereurs Arcadius et Honorius. Cette incapacité, à l'encontre de celles que nous avons étudiées
plus haut, est commune au père et à la mère, qui ne
peuvent pas disposer au profit de leurs enfants adultérins
ou incestueux de la moindre parcelle de leurs biens.

De l'ensemble de ces lois, il résulte que la condition de
l'enfant naturel est très différente dans la succession du
père et dans la succession de la mère. Jusqu'à la bonorum possessio, l'enfant naturel reste étranger à son père
et à sa mère ; depuis la bonorum possessio, qui accorde
à l'enfant naturel un droit dans la succession de sa mère,
le législateur va sans cesse en accroissant ses droits dans
la succession maternelle ; Justinien le fait héritier de son
père sans établir aucune concordance avec ses droits dans
la succession de sa mère. Les réformes sont plus lentes
quand il s'agit du chef de famille, qui personnifie la vieille
société Romaine. Quoi qu'il en soit, la famille naturelle
a triomphé et nous trouvons, dans la novelle 118, l'une
des bases sur lesquelles repose notre Code civil, sur les
successions « Pour qui est fanatique du droit Romain des
« anciens prudents, dit M. Ortolan, il y a ici décadence ;

« pour qui aime à s'avancer vers des principes plus en
« harmonie avec la nature bienveillante de l'homme, avec
« les sentiments du cœur, le progrès est très grand. »

Nous avons jusqu'ici parlé exclusivement des enfants
naturels déjà nés au jour du décès de leurs père et mère,
il convient de rechercher quels sont, dans la législation
Romaine, les droits de succession des enfants naturels
posthumes.

Les enfants posthumes sont les enfants seulement
conçus au jour du décès du de cujus ou du testateur. La
question demande à être étudiée à un triple point de vue :
au point de vue des droits de succession ab intestat, du
droit d'être institué héritier, du droit d'acquérir des libéralités testamentaires.

Nous avons, sur ce sujet, un texte fondamental de
Julien (1) : « Qui in utero sunt in toto pene jure civili
« intelliguntur in rerum natura esse. Nam et legitimæ
« hereditates his restituuntur. » Ce qu'il importe de
remarquer tout d'abord, c'est que le « jus civile » dont il
est question est opposé à « jus publicum », non à jus
honorarium. Le droit Romain distinguait deux sortes de
posthumes : les posthumes siens et les posthumes externes.
« Posthumus suus, posthumus alienus. » Le posthume sien,
à la différence du posthume externe, est celui qui, s'il
avait été né au jour du décès du de cujus, se fût trouvé
sous la puissance immédiate du pater-familias. Aucun
doute que le texte précité ne lui soit pleinement applicable.

(1) Julien, Dig., l. I, titre V, loi 26.

De même, un texte de Paul, inséré au Digeste, nous fait savoir que parmi les posthumes externes, le posthume agnat fut appelé à la succession du de cujus : « Et obtinuit « galli sententia alienos quoque posthumos legitimos nobis « heredes fieri(1). La rédaction de ce texte prouve seulement que la question fut discutée et que la solution ne prévalut que sur l'interprétation d'Aquilius Gallus. Mais il n'est encore question que des héritiers du droit civil, parmi lesquels ne figuraient pas les enfants naturels. Si nous passons à la succession prétorienne, nous avons un texte d'Ulpien qui accorde au posthume cognat les droits de succession accordés aux cognats par le préteur ; dès lors, il ne reste plus qu'à rappeler que les cognats sont admis à succéder à leurs parents maternels par la « bonorum possessio » et que le préteur n'établit aucune distinction entre les enfants naturels et les enfants issus « ex justis nuptiis » (2). De même le cognat posthume est légitimaire et pourra se prévaloir de la querela inofficiosi testamenti (3) ; Justinien supprime la « *bonorum possessio* » et les bonorum possessores deviennent « heredes ». A dater de cette époque, la question n'est donc plus douteuse et les enfants naturels posthumes succèdent comme s'ils étaient nés, de même qu'ils ont capacité pour réclamer leur légitime et faire rescinder le testament par la « querela inofficiosi testamenti ».

(1) Paul. Dig., XXX, § 127.

(2) Loi, I, § 8, l. 38, titre 8.

(3) Ulpien, l. V, titre II, loi 6.

Tel est le droit Romain pour les droits de succession ab intestat. Qu'en est-il pour la capacité d'être institué héritier et d'acquérir des legs ?

Le droit Romain commença par établir une distinction entre le posthumus alienus et le posthumus suus. Ce dernier, au début, fut le seul à pouvoir être institué héritier: L'enfant naturel qui n'avait pas cette qualité ne pouvait donc pas être institué héritier et il en était de même de l'agnat, qui ne pouvait pas davantage invoquer la qualité de « posthumus suus ».

Le préteur permit les institutions d'héritier au profit des posthumes externes, mais ne leur donna pas encore la capacité d'acquérir des legs. Cette distinction ne doit pas nous surprendre, si l'on songe à l'importance que les Romains attachaient au fait de mourir ab intestat. L'institution d'héritier était « caput et *fundamentum totius* « *testamenti* » et ce qu'il fallait faciliter avant tout, c'était l'institution d'héritier. Mais nous savons que les posthumes externes pouvaient invoquer le bénéfice de la querela inofficiosi testamenti. Le de cujus n'avait ainsi aucun moyen de préserver son testament de la rescision, puisqu'il ne pouvait pas léguer la légitime aux posthumes externes et que ceux-ci, après leur naissance, pouvaient faire tomber le testament comme inofficieux. Cette puissante considération amena le législateur à valider les legs faits au profit des posthumes externes et parmi ceux-ci nous devons ranger les cognats. Justinien, en faisant héritiers du droit civil les bonorum possessores, confirma les réformes de ses prédécesseurs (1). Il est à peine besoin de rappeler que l'enfant conçu ne pouvait pas avoir de droits plus étendus que l'enfant déjà né. C'est ainsi qu'il était incapable de recevoir aucune libéraralité s'il était enfant adultérin ou incestueux. La constitution des empereurs Arcadius et Honorius, qui déclarait ces enfants incapables de recevoir aucune libéralité, avait été maintenue par Justinien; — les droits des enfants conçus pourraient être moindres que ceux des enfants déjà nés, mais on ne concevrait pas une loi qui les ferait plus étendus.

―――――

Les Romains connurent en outre deux autres unions : le *matrimonium non justum et le contubernium.*

Le matrimonium non justum, que l'on appelle encore mariage du droit des gens, était le mariage contracté entre personnes dont l'une d'entre elles au moins était pérégrine. Les pérégrins n'ayant pas le « *jus connubii* », le mariage qu'ils contractaient ne pouvait jouir de tous les effets et privilèges attachés aux « *justæ nuptiæ* ». Mais cette union, qui était régulière, produisait des effets légaux.

L'uxor injusta avait les mêmes devoirs que la femme légitime. Comme la femme légitime, elle pouvait être poursuivie pour adultère : « *Plane sive uxor justa fuit,*

―――――

(1) Institutes de legatis, §§ 26-28.

« *sive iniusta accusationem instituere vir poterit.* » (1) Cicéron nous dit qu'une dot pouvait être constituée par cette femme et réclamée par elle à sa dissolution.

Mais quel était le sort des enfants issus de cette union ?

Il n'est pas douteux que les enfants avaient une mère certaine, mais il faut décider en outre, que la paternité était certaine. Le matrimonium non *justum* était un véritable mariage et non une union irrégulière.

Ces enfants étant « liberi non justi », aucun lien civil ne les rattachait à leurs parents. De même que les autres enfants illégitimes, ils suivaient la condition de leur mère « si mulier cum fuisset nupta cum eo quicum connubium « non esset... quoniam qui nati sunt, patrem non « sequuntur. » (2)

Ces enfants ne pouvant invoquer aucun lien de parenté civile, il en résultait qu'ils ne pouvaient succéder au même titre que les héritiers qui puisaient leur capacité dans les liens de parenté civile qui les reliaient au défunt. Ils ne venaient à la succession de leur père ni comme héritiers siens, ni comme agnats, ni comme gentiles. Mais ne pouvaient-ils pas invoquer les droits dérivant de la parenté naturelle ou de la cognation ?

Nous avons précédemment admis comme principe que la cognation n'engendrait aucun droit dans les rapports des enfants avec leur père, ce qui nous conduit à refuser aux enfants nés du mariage du droit des gens, la capacité

(1) L. 13, § 1, Ad. leg. Jul. de Adult.
(2) Cic. top. 4.

de succéder à leur père. Mais ne faut-il pas au moins leur accorder dans la succession de leur mère le bénéfice de la bonorum possessio unde cognati? Les textes font défaut et nous sommes réduits à des conjectures. Mais il est probable que la loi n'accordait pas moins de droits à ces enfants qu'aux enfants naturels que le prêteur appelait tous sans distinction à la succession maternelle.

La célèbre constitution de Caracalla accordant le droit de cité à tous les sujets de l'empire fit que le matrimonium *non justum* devint bien rare. Justinien, en supprimant les Latins juniens et les deditices, le fit disparaître complètement.

Le *contubernium* était l'union entre personnes dont l'une au moins était esclave. Le plus souvent cette union était contractée entre esclaves du même maître, mais il pouvait arriver qu'une personne libre épousât son esclave. La rigueur des lois dut restreindre le nombre de ces unions en ce qui concerne la femme libre. Le sénatus-consulte Claudien rendait esclave la femme qui entretenait des relations avec l'esclave d'autrui et Constantin interdit sous peine de mort le contubernium d'une femme avec ses esclaves.

Pendant longtemps, le *contubernium* n'eut d'autre valeur que celle d'un simple accouplement n'ayant d'effets que ceux que lui donnait le maître de l'esclavage. De même que l'intervention du propriétaire était nécessaire pour l'union de ses esclaves, de même les esclaves ne pouvaient pas rompre leur union sans la volonté de leur maître. Il est impossible de poser des règles et de fixer des limites pour lesquelles le maître était armé d'un pouvoir sans contrôle.

On sait quel était le sort des enfants de l'ancilla. Le maître disposait de leur vie, comme il disposait de celle de leur mère.

Constantin défendit l'exposition des enfants de l'ancilla (1). Justinien déclara libres et ingénus les enfants exposés au mépris de la loi (2).

Mais ce n'est qu'au IX$^{me}$ siècle que Léon, le philosophe, reconnut aux esclaves le droit de contracter un véritable mariage. L'institution barbare de l'esclavage est celle qui résiste le plus aux progrès de la civilisation et dont l'abolition entraîne pour les peuples qui l'ont pratiquée les plus graves conséquences.

Aucun lien d'agnation ni de cognation ne reliait les enfants nés de cette union à leurs parents « cognatio ser- « vilis nulla est ». Il en fut ainsi jusqu'à Justinien qui reconnut le lien de cognation.

« *Illud certum est ad serviles cognationes illam par-* « *tem edicti, qua proximitatis nomine bonorum possessio* « *promittitur non pertinere, nam nec ulla antiqua lege* « *talis cognatio computabatur* (3) ».

Mais il faut s'entendre sur la portée de cette règle : « *Cognatio servilis nulla est* ».

----

(1) L. I, Code Théod., V. 7.

(2) L. 3 c., *De inf. expos.*, § 52.

(3) Just., § 10, *De grad. cogn.*, III, 6.

L'enfant né du contubernium, de même que tout enfant non légitime, suivait la condition de sa mère et la condition se déterminait au moment de la naissance.

S'il ne peut être question de droit de succession vis à vis du père, l'enfant de l'ancilla succédait à sa mère, si celle-ci était libre au jour de sa naissance.

Justinien accorda un droit de succession à l'enfant issu du contubernium, pourvu que l'enfant et son auteur fussent libres au décès du de cujus.

# DEUXIÈME PARTIE

## DES
## DROITS DE SUCCESSION
### DES ENFANTS NATURELS
#### DANS LA LÉGISLATION FRANÇAISE

DIVISION DU SUJET

L'objet de cette étude ne portera pas sur la condition légale des enfants adultèrins et incestueux. Le titre que nous avons choisi prouve par lui-même quelles seront les limites. Il ne saurait être question que des enfants naturels simples, les seuls auxquels la loi donne des droits éventuels à la succession de leurs auteurs.

La condition des enfants naturels soulève deux graves questions : l'une concerne les modes de constatation légale de la qualité d'enfant naturel, l'autre vise les droits, obligations et incapacités qui sont les conséquences de la qualité régulièrement établie.

Chacune de ces deux questions soulève un grand nombre de controverses dans l'état actuel des textes et est à l'ordre du jour des réformes projetées. Quoiqu'il arrive

5

et quoiqu'on fasse en législation, le législateur se heurte en cette matière à des intérêts si multiples et si contraires que la loi risque bien de rester chancelante et indécise. Faute d'envisager à la fois toutes les faces du problème, les recherches s'égarent et menacent de rester infructueuses.

De ces deux questions, nous ne retiendrons que ce qui peut rentrer dans le cadre de notre programme. Quelques mots suffiront pour la première à propos de laquelle nous n'envisagerons que l'économie générale du Code. Mais nous ne devons pas la passer complètement sous silence. Avant d'examiner la nature et l'étendue d'un droit, il faut rechercher préalablement qui peut y prétendre, quelles sont les conditions prescrites pour en avoir la jouissance et l'exercice. Ce premier point établi, nous négligerons dans la seconde question tout ce qui ne se rapporte pas aux droits de succession proprement dits.

Nous diviserons cette étude en cinq chapitres :

Chapitre I. — De la constatation d'état.

Chapitre II. — Des droits de succession ab intestat des enfants naturels.

Chapitre III. — De la réserve des enfants naturels.

Chapitre IV. — De l'incapacité des enfants naturels d'acquérir par dons et par legs au-delà de ce qui leur est accordé au titre des successions.

Chapitre V. — Des droits de succession des enfants naturels dans les principales législations étrangères et des projets de réforme législative.

# CHAPITRE PREMIER



## DE LA CONSTATATION D'ÉTAT

Si nous consultons l'ancien droit, nous remarquons qu'il se montra assez large dans l'admission des preuves, et nul n'ignore la fameuse maxime : « Creditur virgini dicenti se ab aliquo cognitam et ex eo coprœgnantem esse ». La seule déclaration du nom d'un homme faite par la mère dans les douleurs de l'enfantement suffisait pour faire condamner la personne désignée à pourvoir, par une pension alimentaire, aux premiers besoins de la mère et de l'enfant. La femme, pensait-on, ne saurait mentir au moment où éclôt en elle le sentiment de la maternité ; tout la rapproche alors de celui qui l'a rendue mère et son esprit est à l'abri de toute pensée de calcul et de dissimulation. Sans discuter ce que cette psychologie pouvait avoir de trop raffiné, le système offrait au moins l'avantage d'assurer à la fille-mère, le plus souvent abandonnée, les prompts secours que son état exige.

Mais il importe de préciser quelle était la portée exacte de cette règle. La déclaration de la mère ne tranchait pas la question de paternité et la pension n'était ainsi allouée que provisoirement, sans qu'il soit en rien préjugé sur le fonds. La coutume voulait ainsi pourvoir aux exigences de la situation, sans néanmoins attacher à la déclaration de la mère un effet définitif. L'action sur le fonds n'intervenait que plus tard et, pour réussir dans l'action qu'elle allait intenter, la mère devait joindre, à sa déclaration, d'autres preuves résultant de témoignages, de présomptions ou de titres (1). Dans le cas où elle succombait, la pension allouée provisoirement devait être restituée. Notre ancienne jurisprudence est assez confuse sur les preuves qui furent admises comme suffisantes et sur les exceptions qui purent être valablement invoquées par le défendeur. Nous trouvons sur ces deux points les décisions les plus variées et parfois les plus étranges. Il semble néanmoins que le défendeur pouvait faire tomber l'action par l'*exceptio plurium constupratorum*.

A côté de cette recherche judiciaire, notre ancien droit admettait aussi la reconnaissance volontaire, même par acte sous seing privé.

Le législateur de l'époque intermédiaire, guidé par les idées de liberté et d'égalité qui florissaient à cette époque, assimila la condition des enfants naturels simples à celle des enfants légitimes en leur donnant les mêmes droits de succession. Mais frappé par les abus qui s'étaient produits sous l'empire de l'ancienne jurisprudence, abus que l'on attribuait à l'application de la règle : « Virgini creditur parturienti », dont on étendait ainsi beaucoup trop la portée qui n'était pas de trancher une question de

(1) Pothier, *Traité du mariage*, 1 p., c. 2, § 3.

paternité, le législateur se montra rigoureux et n'admit qu'avec de grandes réserves la recherche de la filiation naturelle. Ce fut l'objet des articles 8 et 11 de la loi du 12 brumaire an II, qui n'admirent, comme moyens de preuve, tant de la filiation paternelle que de la filiation maternelle, que les actes publics ou privés des père et mère ou la possession d'État.

Quand la question fut reprise lors de la discussion du Code civil, la recherche de la paternité rencontra les mêmes oppositions irréductibles et, en même temps qu'on restreignait les droits de succession, on votait l'article 340 qui interdit la recherche de la paternité, sauf au cas d'enlèvement, lorsque l'époque de cet enlèvement se rapportera à celle de la conception. Telle est, dans la législation actuelle, l'étroite limite assignée à la recherche de la paternité naturelle. Le législateur de 1804, tout en admettant plus facilement la preuve de la maternité naturelle, l'a entourée de beaucoup de précautions. Telle est la loi actuelle sur la constatation judiciaire de la filiation naturelle. A côté de cette reconnaissance forcée, la loi admet aussi la reconnaissance volontaire qui ne peut plus résulter que d'un acte authentique. Le législateur de 1804, en voulant empêcher les excès de l'ancien droit de se reproduire, mérite, à notre avis, le reproche d'être tombé dans l'excès contraire. Aussi l'article 340, dans sa forme actuelle, a-t-il de nombreux adversaires et la jurisprudence a essayé parfois d'y échapper. Des projets sont déposés à l'heure actuelle, les uns à la Chambre des députés, les autres au Sénat. Et en effet les intérêts les plus graves sont en jeu. L'insouciance de la loi a fini par passer dans les mœurs et il n'apparaît plus aujourd'hui qu'on croie de son devoir de reconnaître. Le législateur doit veiller à l'intérêt de l'enfant voué à la misère et aussi à l'intérêt de la fille-mère laissée sans défense contre ses séducteurs et pour laquelle il n'y a, selon la vigoureuse expression de M. Beudant, que la détresse physique et la détresse morale (1).

(1) M. Beudant à son cours.

# CHAPITRE II



Le rapport de filiation naturelle crée des droits, de obligations et des incapacités. Mais il faut observer tout d'abord qu'il ne rattache pas les enfants naturels aux parents de leurs auteurs qui restent vis-à-vis d'eux légalement étrangers. Néanmoins, cette règle n'est pas absolue et le lien existe, quant aux empêchements de mariage, et la loi, d'autre part, accorde aux frères et sœurs naturels des droits de succession réciproques. Sauf ces particularités, la famille de l'enfant naturel est restreinte et ne comprend que ses auteurs.

Comme l'enfant légitime, l'enfant naturel peut être en puissance paternelle mais avec quelques réserves exigées par la différence des deux situations, et c'est ainsi notamment que la jouissance légale n'appartient pas aux père et mère naturels. L'enfant naturel portera le nom de celui qui l'a reconnu; sera tenu vis-à-vis de lui d'une obligation alimentaire. Mais l'effet le plus important de la filiation naturelle consiste dans les droits de succession qu'elle fait naître. L'article 765 décide que la succession de l'enfant naturel décédé sans postérité est dévolue au père ou à la mère qui l'a reconnu ; par moitié à tous les deux, s'il a été reconnu par l'un et par l'autre ; les articles 756 à 762 attribuent aux enfants naturels des droits sur la succession de leurs père et mère.

Notre ancien droit, tout en se montrant favorable à la recherche de la filiation naturelle, n'en était pas moins très rigoureux pour les enfants nés hors mariage. Les bâtards n'avaient aucun droit dans la succession ab intestat de leurs père et mère et leur filiation établie n'avait pour effet que de leur permettre d'obtenir des aliments. Ce n'était qu'une application de cet adage : « *Hinc procreatio, hinc educatio liberorum* », ce que Loysel exprimait autrement en disant : « Qui fait l'enfant doit le nourrir ». La rigueur de notre ancien droit s'expliquait par l'influence de l'Église qui, en frappant les parents dans la personne de leurs enfants, espérait par là diminuer le nombre des unions irrégulières et encourager le mariage des concubins. Tel était au moins le principe auquel dérogeaient pourtant certaines coutumes, et les coutumes de Valenciennes et de Saint-Omer notamment autorisaient le bâtard à succéder à sa mère même en concours avec des enfants légitimes. Quoiqu'il en soit, la sévérité de notre ancienne législation pour les enfants naturels explique comment elle se montra d'autre part si large pour la recherche d'une filiation dont les effets restaient si restreints et peut-être le système de preuves qui fut admis ne mérite-t-il pas les vives attaques dont il fut l'objet, si l'on songe au peu de conséquences qu'on lui faisait produire.

Le législateur de l'époque intermédiaire remplaça les anciens principes. Dès qu'il eut proclamé que la base du droit successoral reposait sur l'affection présumée de la nature, que le lien du sang était la raison justificatrice du droit successoral, il fut amené, par une conséquence logique mais quelque peu excessive, à assimiler la condition des enfants naturels à celle des enfants légitimes et la loi de brumaire an II les admit à succéder non seulement à leurs père et mère mais encore à leurs collatéraux, et ne fit d'exception que pour les enfants adultérins et incestueux qui n'eurent droit, à titre d'aliments, qu'au tiers de la part à laquelle ils auraient eu droit, s'ils avaient été légitimes. Il fut même ajouté que cette loi devrait s'appliquer rétroactivement à toutes les successions ouvertes depuis le 14 juillet 1789. Cette même loi, dans ses articles 8 et 11, n'admettait au contraire la recherche de la filiation naturelle qu'avec une grande circonspection. C'était le contrepied absolu de l'ancien droit.

Le législateur de la loi de brumaire portait ainsi une grave atteinte au mariage, et le Code civil adopta un régime transactionnel entre l'ancien droit et le droit intermédiaire. Le système du Code civil peut se résumer dans les trois propositions suivantes :

*1<sup>re</sup> Prop.* : Les enfants adultérins et incestueux n'auront jamais droit qu'à des aliments ;

*2<sup>me</sup> Prop.* : Les enfants naturels simples n'ont aucun droit dans la succession de leurs collatéraux, ni dans celle de leurs aïeux ;

*3<sup>me</sup> Prop.* : Ils succèdent à leurs père et mère, mais
pour une part inférieure à la part à
laquelle ils auraient droit s'il étaient
enfants légitimes.

C'est cette troisième proposition que nous devons développer et préciser.

SECTION I. — **De la part héréditaire des enfants naturels.**

Le système du Code, pris dans son ensemble, peut être
résumé dans les trois points suivants :

I. La part de l'enfant naturel en concurrence avec des
héritiers légitimes est, dans tous les cas, une part restreinte, conformément aux termes de l'article 757 du
Code civil. Ce n'est que dans l'hypothèse où ses père et
mère ne laissent aucun parent au degré successible qu'il
a droit à la totalité de la succession. Tel est l'article 758
dont la portée s'est trouvée restreinte ultérieurement par
la loi de 1891 accordant, dans tous les cas, au conjoint
survivant un droit d'usufruit variable sur la succession de
son conjoint prédécédé.

II. Le législateur donne aux père et mère la faculté
d'écarter l'enfant naturel de leur succession au moyen
d'une combinaison dont les conditions sont prévues par
l'article 761 C. civ.

III. Dans un cas exceptionnel, l'article 337 refuse aux enfants naturels tout droit de succession.

Reprenons chacune de ces trois données :

I. L'article 757 est fondamental et prévoit trois hypothèses de concours. La part héréditaire de l'enfant naturel varie selon le nombre et la qualité des héritiers avec lesquels il vient en concours. Le droit, aux termes de cet article, est d'un tiers de la portion héréditaire que l'enfant naturel aurait eue, s'il eût été légitime, si le père ou la mère a laissé des descendants légitimes ; de la moitié, lorsque les père et mère ne laissent pas de descendants, mais bien des ascendants ou des frères et sœurs ; des trois quarts, lorsque les père ou mère ne laissent ni descendants, ni ascendants, ni frères, ni sœurs. D'où, pour connaître la part héréditaire de l'enfant naturel, il devient nécessaire de déterminer préalablement la part qu'il aurait eue comme enfant légitime.

Il semble que l'article 757 soit fort clair et qu'il ne puisse laisser place à aucune équivoque, et pourtant sa rédaction a donné lieu à des difficultés fort sérieuses. Pour plus de simplicité, faisons d'abord abstraction de toute complication.

(A) *L'enfant naturel vient en concours avec des descendants légitimes* : s'il eût été légitime, il aurait eu une part égale à celle des autres descendants venant de leur chef. L'article 745 C. civ. s'exprime dans les termes suivants au sujet des enfants légitimes : ils succèdent par égales portions et par tête, quand ils sont tous au premier degré et appelés de leur chef... Or, l'article 757 appelle l'enfant naturel à la succession pour le tiers de la part à laquelle il aurait eu droit s'il avait été légitime. Soit un enfant naturel en concours avec un enfant légitime : l'enfant naturel aurait eu droit comme enfant légitime à la moitié de la succession, il ne prendra que le tiers de la moitié ou un sixième. Si nous supposons une masse à partager de 60,000 francs, l'enfant légitime succèdant pour les 5/6 prendra 50,000 francs, il ne restera pour l'enfant naturel que 1/6 ou 10,000 francs. Augmentons par hypothèse le nombre des enfants légitimes et nous verrons qu'en présence de deux enfants légitimes, la part de l'enfant naturel sera réduite au 1/9 de la succession et les 8/9 se partageront par égale portion entre les deux enfants légitimes qui prendront chacun 1/9. Nous pourrions multiplier le nombre des enfants légitimes, ce qui ne compliquerait en aucune façon les règles du partage. L'enfant naturel est considéré par la loi comme ayant droit à une fraction de la part qu'il aurait recueillie comme enfant légitime, et cette portion sera toujours du 1/3 dans cette première hypothèse de concours. Si aucune difficulté n'est possible, quel que soit le nombre des descendants légitimes, que faut-il décider s'il y a plusieurs enfants naturels ? Faut-il considérer les enfants naturels collectivement ou isolément ? Nous réservons cette question, mais remarquons, par anticipation, que le système qui tend à considérer les enfants naturels isolément n'a plus aujourd'hui que peu de partisans et qu'il a toujours été repoussé par la jurisprudence comme contraire à l'esprit de la loi. Nous signalons aussi une autre difficulté que nous aurons à résoudre et qui se pose pour les trois hypothèses de concours : doit-on, pour faire la part de l'enfant naturel, tenir compte des héritiers légitimes renonçants ou déclarés indignes ?

Nous ferons remarquer comme dernière observation que si l'enfant naturel se trouve en concours avec des petits-enfants venant par représentation, ceux-ci ne viendront que pour la part de leur auteur. Cette solution, qui est certaine, découle de la nature de la représentation dont l'effet, conformément aux termes de l'article 739 du Code civil, est de faire entrer les représentants dans la place, dans le degré et dans les droits du représenté.

(B) *L'enfant naturel vient en concours avec des ascendants ou frères et sœurs* : Dans cette hypothèse, l'article 757 donne à l'enfant naturel la moitié de la portion héréditaire qu'il aurait eue, s'il eût été légitime. Cette portion, qui aurait été de la totalité, se réduira ainsi à la moitié de la succession, et si nous mettons en jeu les principes de dévolution écrits pour les héritiers légitimes, il est aisé de savoir comment se répartira la succession : l'enfant naturel prendra en tous cas la moitié de la succession et l'autre moitié se répartira entre les héritiers légitimes, conformément aux règles ordinaires des successions ab intestat. *Ces données* nous suffisent pour régler les différents cas de concours, en écartant par hypothèse, du nombre des héritiers, la présence des collatéraux ordinaires, ce qui nous conduirait à discuter une question que nous préférons réserver : les droits des enfants naturels doivent-ils être réglés séparément dans chacune des deux lignes ? Nous pouvons alors, en laissant provisoirement cette complication, envisager successivement les trois hypothèses suivantes :

(*a*) L'enfant naturel venant en concours avec des ascendants prendra la moitié de la succession et l'autre moitié se répartira par égale portion, c'est-à-dire un quart, entre les deux lignes, au profit des ascendants les plus proches, dans chaque ligne. S'il n'y a dans l'une des deux lignes ni ascendant, ni collatéral, les ascendants les plus proches dans l'autre ligne, prendront la moitié de la succession.

(*b*) L'enfant naturel vient en concours avec des frères et sœurs et le de cujus n'a laissé que des ascendants autres que les père et mère. L'enfant naturel prend la moitié de la succession et l'autre moitié sera dévolue aux frères et sœurs, *collatéraux privilégiés*, qui excluent les ascendants autres que les père et mère. Entre eux la répartition se fera conformément aux règles et distinctions établies par l'article 752 du Code civil. Il faudra faire deux parts de la moitié de la succession, que l'on attribuera divisément à la ligne paternelle et à la ligne maternelle. Les frères germains prendront part dans les deux lignes, et les utérins et consanguins chacun dans leur ligne seulement.

(*c*) L'enfant naturel vient en concours avec les frères et sœurs et père ou mère du défunt;

L'enfant naturel prendra la moitié de la succession et l'autre moitié se répartira entre les héritiers légitimes d'après la distinction suivante :

Si le défunt a laissé à la fois son père et sa mère, la 1/2 de la succession attribuée aux héritiers légitimes se partagera par égale portion, c'est-à-dire un quart, entre les frères et sœurs d'une part et les père et mère d'autre part.

Si le défunt n'a laissé que son père ou sa mère et des frères et sœurs, ceux-ci prendront les 3/4 de la moitié qui est attribuée à la famille légitime, et l'autre quart sera dévolu à l'auteur survivant, ce qui nous donne les chiffres suivants : 3/8 de la succession pour les frères et sœurs, 1/8 pour l'auteur survivant et 4/8 pour l'enfant naturel.

(c) *L'enfant naturel vient en concours avec des héritiers légitimes qui ne sont ni descendants, ni ascendants, ni frères et sœurs du défunt :*

Dans cette hypothèse, l'article 757 du Code civil donne à l'enfant naturel les 3/4 de la part à laquelle il aurait en droit comme enfant légitime, c'est-à-dire les 3/4 de toute la succession, puisque comme enfant légitime il aurait exclu tous les collatéraux.

Telle est l'économie générale de l'article 757. Le législateur a réduit les droits des enfants naturels en tenant compte du nombre et de la qualité des héritiers légitimes. Dans la première hypothèse, il tient compte de l'une et de l'autre considération, non dans les deux autres hypothèses où la proportion varie selon la qualité des héritiers laissés par le de cujus, mais où elle reste la même, quel que soit le nombre des héritiers légitimes.

Le procédé de limitation est arbitraire et il ne pouvait en être autrement. Le régime adopté par le Code Civil est, ainsi que nous l'avons dit au début, un régime transactionnel entre l'ancien droit et le droit intermédiaire de la loi de brumaire, aussi se ressent-il de toutes les concessions qu'il a fallu faire pour aboutir. Les hésitations du législateur ont jeté de l'équivoque dans ses décisions et le résultat du dosage parcimonieusement mesuré des droits des enfants naturels fait que l'interprétation de *l'article 757* est assez embarrassante sur nombre de points à propos desquels il est fort difficile de dire quelle a été la pensée du législateur. Néanmoins la tendance de la loi nous paraît évidente ; le *législateur de 1804* s'est beaucoup plus préoccupé de la protection de la famille légitime que de l'intérêt des enfants naturels et, dans le doute, il sera plus vrai, sinon plus équitable, de conclure contre les enfants naturels.

Parcourons la liste des graves difficultés que soulève l'interprétation de *l'article 757* ; déjà, nous en avons signalé quelques-unes.

*Doit-on tenir compte, pour fixer les droits de l'enfant naturel, des enfants renonçants et indignes ?*

Précisons par des exemples quel est l'intérêt de la question :

Le défunt laisse un enfant naturel et deux enfants légitimes, dont l'un est acceptant et l'autre renonçant. Si nous tenons compte de l'enfant légitime renonçant, nous accorderons à l'enfant naturel le tiers du tiers de la succession ou le neuvième; dans le cas contraire, l'enfant naturel aura droit au tiers de la moitié ou au sixième de la succession, ce qui revient à dire que la part du renonçant accroîtra pour partie au profit de l'enfant naturel.

Le défunt laisse un enfant naturel et deux enfants légitimes, tous les deux renonçants ou déclarés indignes. En l'absence de petits-enfants, la succession sera dévolue aux héritiers légitimes de l'ordre subséquent, c'est-à-dire aux ascendants du premier degré et aux frères et sœurs du défunt. Si nous écartons les enfants légitimes renonçants, l'enfant naturel prendra la moitié de la succession, tandis qu'il ne succédera que pour un tiers, si nous adoptons l'autre solution.

Le défunt laisse des collatéraux ordinaires, tous renonçants ou déclarés indignes, et son conjoint. Devrons-nous accorder à l'enfant naturel la totalité de la succession ou seulement les trois quarts de la succession?

Nous décidons sans hésiter qu'il faut, pour calculer les droits de l'enfant naturel, considérer non pas la qualité des parents qu'a laissés le défunt, mais seulement la qualité des parents qui viennent effectivement à la succession, qui sont ses héritiers. Cette opinion admise par la grande majorité des auteurs semble résulter de l'esprit de la loi et pourtant la jurisprudence l'a condamnée. Nous faisons remarquer qu'elle résulte de l'esprit de la loi. Et, en effet,

quel est le but que le législateur s'est proposé dans la disposition de *l'article 757 ?* Protéger la famille légitime dans
la personne de ses héritiers et la protéger plus ou moins, selon
le nombre et la qualité de ces héritiers. Cela résulte, sans aucun
doute, de la gradation établie par la loi ; le législateur, en
accordant aux enfants naturels des droits plus forts, lorsqu'ils
concourent avec des ascendants et collatéraux, que lorsqu'ils se trouvent en présence des descendants légitimes,
a laissé suffisamment entendre qu'il prend beaucoup plus
en considération la personne des héritiers que la famille
en elle-même, envisagée *in globo ;* on ne comprendrait pas,
s'il en était autrement, qu'il crée des degrés de faveur entre
des personnes qui, les unes comme les autres, sont des
membres de la famille légitime. S'il en est ainsi, comment
expliquerait-on que la situation de tel héritier méritât
plus de faveur par ce fait purement accidentel de la renonciation ou de l'indignité d'un cohéritier ou d'un héritier
plus proche ! Proportionner les droits d'un parent légitime
à son degré de parenté avec le défunt, n'est-ce pas implicitement reconnaître que sa condition ne sera pas améliorée
par une circonstance extrinsèque, étrangère à sa qualité !

Si tel est bien l'esprit de la loi, il faut ajouter que la
solution est en tous points conforme au texte de l'article 757. L'enfant naturel doit avoir une part de la portion héréditaire à laquelle il aurait eu droit comme enfant
légitime ; or, s'il avait été légitime, la renonciation ou
l'indignité d'un cohéritier lui aurait profité ; donc elle
doit aussi lui profiter dans la mesure fixée par l'article 757.

La jurisprudence nous oppose un argument de texte : La loi, nous objecte-t-elle, parle des parents « *laissés* » et non pas de ceux qui viennent effectivement à la succession ; les termes de *l'article 757* n'établissant aucune distinction entre les parents héritiers et les parents renonçants et indignes, dès lors il est arbitraire de vouloir suppléer au silence de la loi.

S'il est vrai que le législateur s'est exprimé en termes généraux, nous croyons néanmoins qu'il faut sous-entendre une distinction qui résulte si clairement de l'esprit de la loi. L'objection repose d'ailleurs sur un mot dont le sens n'est pas nécessairement celui que lui donne la jurisprudence. La loi a entendu parler des parents laissés comme héritiers et le rédacteur a simplement employé une formule d'abréviation. Nous croyons qu'il était inutile de compliquer la formule, puisque, d'une part, le législateur nous montre qu'il a voulu protéger la personne des héritiers et qu'il dispose, dans l'article 785, que celui qui renonce est censé n'avoir jamais été héritier.

*L'article 786* fournit aux partisans de l'opinion que nous combattons un nouvel argument. L'article 786, ajoute-t-on, dispose que la part du renonçant accroît à ses cohéritiers, or l'enfant naturel n'est pas un cohéritier, mais un successeur irrégulier, donc l'accroissement ne saurait lui profiter. Nous pensons que cet argument est sans valeur. La loi emploie indistinctement, dans beaucoup de textes, les qualifications d'héritier et de successeur ; l'argument tiré de l'expression ne saurait donc être péremptoire. D'autre part, s'il est vrai de dire que l'enfant naturel n'est qu'un successeur irrégulier, il faut néanmoins reconnaître qu'il est nécessaire, pour calculer ses droits, de le considérer fictivement comme cohéritier.

Cette jurisprudence invoque encore l'article 758 aux termes duquel l'enfant naturel a droit à la totalité des biens, lorsque les père et mère ne laissent pas de parents au degré successible. Donc il suffit, disent les arrêts, qu'il y ait un parent au degré successible, sans qu'il faille tenir compte de sa renonciation ou de son indignité.

Nous répondrons que *l'article 758* ne doit pas être interprété isolément, mais qu'il faut au contraire le rattacher aux textes qui le précèdent, que dès lors il ne saurait fournir un nouvel appoint aux arguments que l'on tire de la rédaction de l'article 757 et que nous avons essayé de réfuter.

Est-il bien étonnant que l'article 758 n'ait pas envisagé l'éventualité d'une renonciation ou d'une indignité ! Le législateur a prévu le cas le plus habituel, il en est ainsi dans une foule de textes auxquels l'on ne songe pourtant pas à donner une portée restrictive.

Cette jurisprudence, poussée jusqu'à ses conséquences extrêmes, conduirait à des résultats inadmissibles. Il faudrait, logiquement, décider que l'Etat viendrait en concours avec l'enfant naturel, quand le défunt est mort, laissant des parents légitimes tous renonçants et quand il n'y a pas de conjoint pour profiter de la réduction opérée.

Peut-être pourrait-on soulever une objection et décider que l'Etat ne saurait, dans aucun cas, réduire les droits

des enfants naturels. Dans les autres hypothèses, il s'agit
oujours, quelle que soit l'opinion adoptée, d'une réduction qui profiterait à des successeurs ; l'Etat, au contraire,
ne recueille pas, à proprement parler, comme successeur,
mais plutôt comme propriétaire de biens sans maître.
Mais on pourrait répondre que l'Etat est un successeur
irrégulier, que cela résulte de l'antithèse établie par l'article 724 et de la rubrique du chapitre IV ; que dès lors il
n'y a pas lieu d'adopter une solution différente pour l'Etat
que la loi range, avec le conjoint, dans la catégorie des successeurs *irréguliers*. Et l'on arriverait à cette conséquence inadmissible de prononcer contre l'enfant naturel
une véritable déchéance, sans aucun intérêt pour les
membres de la famille légitime.

Nous croyons donc que la loi n'a entendu parler, dans
l'article 757, que des parents laissés comme héritiers, et
c'est l'opinion presque universellement admise dans la
doctrine (1). C'était aussi l'avis de Chabot dans son commentaire sur les successions (n° 6 sur l'article 757).
« L'enfant naturel légalement reconnu doit toujours avoir
« le tiers de la portion héréditaire qu'il aurait eue s'il
« avait été légitime, l'article ne contient d'exception pour

(1) Valette, Duranton, tome VI, n° 245.
    Aubry et Rau, p. 103.
    Demante, tome III, n° 75 bis.
    Demolombe, *Successions*, n° 54.
    M. Beudant à son cours.
    M. Léon Michel à son cours.

aucun cas ». Nous ne comprenons pas alors pourquoi ce même auteur, au N° précédent, décide que les petits enfants, venant de leur chef, doivent réduire les droits de l'enfant naturel, comme s'ils venaient par représentation. Nous croyons, au contraire, que les petits-enfants venant de leur chef auront moins que s'ils venaient par représentation. L'enfant naturel, s'il eût été légitime, aurait exclu les petits-enfants venant de leur chef ; l'enfant naturel prendra donc le tiers de la succession entière. L'opinion contraire ne s'expliquerait que s'il fallait tenir compte des enfants renonçants et indignes. Il est vrai que l'article 757 parle du tiers de la « *portion* », ce qui pourrait laisser croire que l'enfant naturel n'aura jamais droit qu'au tiers d'une part, non au tiers de la totalité. Mais il découle de l'ensemble des termes de l'*article 757* que *portion* est synonyme de quotité, ce qui résulte en outre des mots qui suivent : « que l'enfant naturel aurait eue, s'il eût été légitime ».

La question que nous discutons peut se présenter sous un autre aspect, en ce qui concerne le calcul de la réserve de l'enfant naturel, lorsque le de cujus a exclu de sa succession ses héritiers non réservataires par l'institution d'un légataire universel. Beaucoup d'auteurs, et parmi eux M. Demolombe, admettent une opinion différente pour cette hypothèse particulière. La réserve de l'enfant naturel, d'après ces auteurs, devrait être calculée en tenant compte des parents légitimes qui, exclus de la succession dans leurs rapports avec le légataire universel, conserveraient néanmoins le titre d'héritier vis-à-vis de l'enfant naturel. La question ne se pose pas absolument dans les mêmes termes, et l'opinion que nous avons admise rencontre de nouvelles objections. C'est un point que nous discuterons dans notre deuxième chapitre, en étudiant la réserve de l'enfant naturel.

*L'enfant naturel concourant avec des descendants de frères et sœurs aura-t-il droit à la moitié ou aux trois quarts de la portion à laquelle il aurait eu droit s'il eût été légitime ?*

*L'article* 757 n'admettant l'enfant naturel à la moitié que dans le cas où le défunt a laissé des ascendants ou des frères et sœurs, il semble qu'il faille ranger les neveux dans la catégorie des collatéraux ordinaires. Les termes de *l'article* 757 sont formels et donnent à l'enfant naturel les trois quarts, lorsque les père ou mère ne laissent ni descendants ni ascendants, ni frères ni sœurs. Néanmoins la question est très controversée et le point de départ de la discussion est le défaut de concordance entre les termes de l'article 757 et les termes de l'article 742 du Code civil qui met les descendants de frères et sœurs sur le même rang que les frères et sœurs eux-mêmes. Le législateur, qui semble avoir calqué la gradation de l'article 757 sur l'ordre établi entre les héritiers légitimes venant à la succession sans la présence d'un enfant naturel, a-t-il entendu faire aux neveux et nièces, venant en concours avec un enfant naturel, une situation moins favorable qu'aux frères et sœurs en les assimilant aux collatéraux ordinaires? La jurisprudence décide l'affirmative et adopte ainsi le système le plus favorable aux enfants naturels. La base de son argumentation repose sur les termes de l'article 757 qui ne range dans la deuxième catégorie que les frères et sœurs, non leurs descendants. Telle n'est pas notre opinion, et nous pensons que l'article 757 ne doit pas être considéré isolément, qu'il faut au contraire le rapprocher d'autres dispositions et le combiner avec elles. Le législateur qui, dans l'ordre présumé des affections du défunt, a placé sur la même ligne les frères et sœurs et leurs descendants, n'a pu vouloir qu'il en soit autrement dans l'hypothèse d'un concours avec un enfant naturel. Et ce qui le prouve bien, c'est qu'il range dans la deuxième catégorie de l'*article 757*, les ascendants ordinaires, lesquels dans la succession légitime sont privés intégralement par les frères et sœurs et leurs descendants. Or, se peut-il que la loi intervertisse ainsi l'ordre des préférences, parce qu'un enfant naturel réclame des droits dans la succession? Ce serait une anomalie bien singulière et qui paraît d'autant moins vraisemblable que le législateur de 1804 est peu suspect de tendresse pour les enfants naturels. Cet argument que nous tirons de l'esprit de la loi nous permet de décider que l'enfant naturel n'aura droit qu'à la moitié de la succession, même si les neveux et nièces viennent à la succession de leur chef. A plus forte raison doit-il en être ainsi lorsqu'ils viennent par représentation, et l'article 742, écrit à la section de la représentation, nous dit que la représentation

en ligne collatérale est admise en faveur des enfants et
descendants de frères et sœurs du défunt, soit qu'ils
viennent à sa succession concurremment avec des oncles
ou tantes, soit que, tous les frères et sœurs du défunt étant
prédécédés, la succession se trouve dévolue à leurs descendants en degrés égaux ou inégaux. La jurisprudence,
fidèle à son système, refuse aux neveux et nièces le bénéfice de la représentation et se fonde toujours sous le silence
de l'*article 757* en ce qui concerne les descendants de
frères et sœurs. Nous croyons qu'il y a là une erreur
d'interprétation et que le silence de la loi ne conduit pas à
cette conclusion, quand bien même nous reconnaîtrions,
avec les arrêts, qu'il est décisif pour les neveux et nièces
venant à la succession de leur chef. Le bénéfice de la
représentation est accordé d'une façon générale par l'article 742 et ne pourrait être enlevé, aux neveux et nièces,
que par une disposition formelle. C'est une règle d'interprétation générale que le législateur qui a posé un principe n'a pas besoin de l'écrire de nouveau pour qu'il soit
applicable à une hypothèse particulière. Dès lors, l'article 757 n'avait pas à parler des descendants de frères
et sœurs, puisque la représentation leur donne les droits
des frères et sœurs qu'ils représentent. On répond à cet
argument que l'*article 742* n'est pas général et qu'il
n'édicte la représentation que pour les successions régulières, non pour les successions irrégulières. Mais telle
n'est pas la portée de l'*article 742* dont le sens est
extensif, loin d'être limitatif. Cela résulte de la

construction de la phrase et aussi des précédents. Le droit Romain n'admettait pas la représentation au profit des neveux et nièces, quand tous les frères et sœurs étaient prédécédés. La question fut longtemps discutée dans l'ancien droit et tranchée par l'article 321 de la coutume de Paris qui admit la solution Romaine. Dès lors, il est facile de comprendre que le législateur ait procédé par une sorte d'énumération pour écarter la restriction admise par l'ancienne législation.

Pourquoi parler de succession irrégulière ? Les droits invoqués par les parents de la famille légitime ne sont-ils pas des droits de succession légitime ? Ce n'est qu'au regard de l'enfant naturel que la succession est irrégulière. L'enfant naturel est un successeur irrégulier, mais le législateur ne lui a pas donné cette qualité pour qu'il ait plus de droits que s'il se présentait comme cohéritier véritable.

Il faut ajouter que l'article 757 n'est pas le seul qui ne mentionne pas les descendants ; les articles 752 et 767 gardent le même silence, le premier à propos du partage de la succession entre frères et sœurs, le second en ce qui concerne les droits du conjoint survivant qui ne vient à la succession, aux termes de ce texte, que lorsque le conjoint prédécédé n'a laissé ni parents au degré successible, ni enfants naturels. Personne n'hésite à appliquer l'article 752 aux descendants de frères et sœurs et l'article 767 aux descendants légitimes des enfants naturels du conjoint prédécédé.

Mais il y a un autre argument, à lui seul décisif et qui

est emprunté aux travaux préparatoires. Le projet ne
rangeait dans la deuxième catégorie de l'article 757 que
les ascendants. M. de Malleville fit observer que la disposition de 757 n'était pas en harmonie avec l'article 742 ;
l'observation fut reprise par le consul Cambacérès qui pro-
posa d'assimiler les frères et sœurs aux ascendants, et
c'est ainsi que le texte fut rédigé. Il ressort clairement que
le but que l'on se proposait était de mettre en harmonie
l'article 757 avec l'article 742 et que le silence du texte
n'est dû qu'à une inattention du législateur. M. de Malleville, dans son analyse du Code civil, a d'ailleurs développé
et précisé sa pensée, et l'orateur du Gouvernement a parlé
en ce sens devant le corps législatif.

Quoiqu'il en soit, une jurisprudence ancienne et constante (1) donne à l'enfant naturel les trois quarts, lorsqu'il vient au concours avec des neveux et nièces, sans
distinguer si ceux-ci viennent de leur chef ou par représentation. Dans ce dernier cas, il faut bien admettre que
les neveux viendront par représentation pour un quart,
puisque le partage par souche est considéré comme une
règle générale par l'article 742, lorsque les frères et
sœurs seront prédécédés. Le motif de la loi repose sur
une pensée d'égalité à laquelle le législateur n'a certainement pas voulu déroger dans l'hypothèse de 757.

(1) Requête, 13 janvier 1862, D. P., 62, 1, 142. 5 juin 1893, D. 1893,
1, p. 383.

Requête, 6 avril 1843, D. A., 12, 314.

Contra, Pau, 4 avril 1810, D. A., 12, 313. Rennes, 26 juillet 1843.

Et alors on arrive à cette conséquence que les neveux et nièces viendront par représentation sans pouvoir prétendre aux droits des frères et sœurs qu'ils représentent, ce qui est contraire à la définition que l'article 739 nous donne de la représentation.

Tous ces arguments ont semblé décisifs à presque tous les auteurs, et nous résumant pour clore ce débat, nous déciderons, avec M. Colmet de Santerre, que les neveux et nièces réduisent les droits de l'enfant naturel de moitié et non du quart. L'esprit de la loi et la lecture des travaux préparatoires nous conduisent à admettre cette solution même dans le cas ou les neveux et nièces ne peuvent pas invoquer le bénéfice de la représentation.

*Faut-il calculer les droits de l'enfant naturel dans chaque ligne ou sur la masse totale de la succession?*

Soit une succession de 96,000 francs qu'il faut partager entre un enfant naturel, des collatéraux ordinaires dans la ligne paternelle, des ascendants dans la ligne maternelle. Devons-nous raisonner ainsi : La succession se partage par moitié entre les deux lignes, l'enfant naturel prendra, dans chaque ligne, la part que lui donne la loi en tenant compte seulement des parents de cette ligne. Ses droits seront ainsi de 1/2 dans la ligne où il y a des ascendants, des 3/4 dans la ligne représentée par des collatéraux ordinaires. Dans le partage des 96,000 francs, nous attribuerons à l'enfant naturel 24,000 francs dans une ligne, 36,000 francs dans l'autre, c'est-à-dire un total de

60,000 francs. La question est d'un grand intérêt et si nous procédons différemment en calculant les droits de l'enfant naturel sur la masse de la succession, nous ne devrons lui accorder que la 1/2 de la succession ou 48,000 fr., puisqu'il vient en concours avec des ascendants.

Nous pensons qu'il faut respecter le partage des lignes dans le calcul des droits de succession de l'enfant naturel. C'est l'opinion défendue par Duranton et par Demante. Cette solution fut aussi consacrée par un arrêt de la Cour d'Amiens rendu le 23 mars 1854 (1). Cet arrêt est d'autant plus intéressant que la même Cour a modifié son opinion dans un arrêt beaucoup plus récent, dont nous relèverons plus loin quelques attendus. La question portée devant la Cour d'Amiens en 1854 était une question de réserve et l'arrêt décide que le principe de l'article 733 s'applique pour régler les droits de l'enfant naturel, que, dès lors, la réserve de l'enfant naturel doit être calculée séparément dans chaque ligne.

Telle est l'opinion que nous croyons exacte, mais elle est combattue par des auteurs considérables et la jurisprudence est contraire. La Cour d'Amiens, par un arrêt du 5 décembre 1889, a condamné sa jurisprudence antérieure en confirmant purement et simplement un jugement du tribunal civil d'Amiens (2). Les attendus de ce

(1) Demante, t. III, n° 75. Duranton, t. VI, p. 318 et sts. Amiens, D. P., 57, 2, 5.

(2) Aubry et Rau, t. VI, p. 328. — Demolombe, *Successions*, t. II, p. 114. — Laurent, t. IX, p. 148. Amiens, D, 90, 2, 184.

jugement sont intéressants et méritent d'être cités :
« Attendu que la prétention est contredite dans le texte de
« l'article 757, qui ne tient compte que des divers ordres ;
« attendu que l'intention du législateur, en faisant décroître
« le droit de l'enfant naturel selon la qualité et le rang des
« héritiers légitimes, a été inspirée par la dignité de la
« famille qui est d'autant plus gravement outragée que la
« sanguinité est plus proche..... » Nous pensons que ces
arguments sont sans valeur. Prétendre que c'est la
famille elle-même considérée d'une façon abstraite que le
législateur a voulu protéger et non telle ligne plutôt que
telle autre, c'est émettre une affirmation purement gra-
tuite, cela revient à faire une pétition de principe. Le contraire paraît plus vrai, le législateur s'est moins préoccupé
de la famille en elle-même que du degré de parenté des
héritiers, et ce qui le prouve c'est qu'il attribue à l'enfant
naturel des droits plus ou moins forts, selon qu'il vient en
concours avec des héritiers légitimes plus ou moins
proches. Ce qui est vrai c'est que le législateur a voulu
favoriser tel héritier plutôt que tel autre, en prenant pour
base les préférences qui lui ont servi à établir les droits de
succession des héritiers dans la famille légitime. C'est un
argument que nous avons développé en discutant les questions précédentes. Dès lors, la règle « dimidia paternis,
dimidia maternis » est une règle de succession dont il
convient de tenir compte dans l'hypothèse que nous exami-
nons. Comment l'injure faite à la famille légitime serait-
elle plus grande, parce que les collatéraux viennent en

concours avec des descendants ! La loi a voulu sauvegarder les droits de la famille légitime dans la personne de ces héritiers entre lesquels elle établit des degrés de faveur basés sur leur qualité de parents plus ou moins proches du défunt ; le pouvoir de réduire les droits de l'enfant naturel est inhérent à leur seule qualité et ne saurait s'accroître par une circonstance extrinsèque, étrangère à la cause qui les fait héritiers. Il est bien vrai que l'article 757 est conçu en termes généraux et qu'il ne rappelle pas le principe de la division de la succession par lignes, mais nous ne pouvons que répéter de nouveau que l'article 757 trouve son explication dans la théorie générale des successions qui en fixe le sens et en limite l'étendue.

Quoiqu'il en soit, la jurisprudence est constante en sens contraire et ne tient aucun compte de la division par lignes (1).

*Nous avons toujours supposé jusqu'ici que l'enfant naturel venait lui-même à la succession ; que devrons-nous décider, si l'enfant naturel est prédécédé, renonçant ou indigne ? Devrons-nous admettre ses descendants à succéder, soit par représentation, soit de leur chef ?*

Un point est certain, c'est que les descendants naturels n'auront aucun droit à la succession, ni de leur chef, ni par représentation. Le législateur de l'époque intermédiaire avait attribué à la reconnaissance des effets très étendus en rattachant l'enfant naturel non seulement à ses

(1) 5 juin 1893, D. 1893. 1, p. p. 383.

ascendants, mais encore à ses collatéraux, mais le Code de 1804 a voulu que la famille de l'enfant naturel soit dans tous les cas une famille restreinte, et, vis-à-vis de ses aïeux, la condition d'un enfant naturel est celle d'un étranger, aucun droit de succession ne lui est accordé, même au cas où l'aïeul ne laisserait à sa mort aucun parent au degré successible. Cette solution, qui est certaine, résulte formellement des termes de l'article 765, la reconnaissance est personnelle et ne crée de lien juridique qu'entre l'enfant naturel et les auteurs de la reconnaissance. L'article 759 pourrait à la rigueur jeter quelque doute sur cette solution, puisqu'il admet au bénéfice de la représentation, d'une façon générale et sans distinction, les enfants ou descendants de l'enfant naturel. Mais il ne faut pas oublier que celui qui invoque le bénéfice de la représentation doit avoir une capacité personnelle et, dès lors, si *l'article 756* refuse aux descendants naturels le droit de venir de leur chef, il faut en conclure qu'ils ne sauraient pas davantage être admis au bénéfice de la représentation. C'est un point qu'on peu discuter en législation. Tout ce qu'on peut dire, c'est que le législateur de 1804 n'a pas voulu que la sucession du de cujus soit grevée d'un droit de succession au profit d'un enfant naturel dont l'existence est dûe à une faute qui n'est pas imputable à ses aïeux. Peut-être y aurait-il lieu en législation de faire une distinction et de n'admettre cette incapacité que dans le cas où l'aïeul est lié à son fils par des liens de filiation légitime. Dans cette limite, il est vrai de dire que l'aïeul est complètement étranger à la conduite de son fils, que l'affection qu'il a pour ses enfants légitimes ne s'étend pas aux enfants naturels de ses enfants légitimes. Mais en est-il complètement de même quand les deux générations sont entre elles dans des rapports de filiation naturelle ? Ici, peut-on dire, l'aïeul ne peut pas avoir pour ses petits-enfants naturels moins d'affection que pour ses enfants naturels, n'y a-t-il pas dans sa conduite passée une faute qui le rend responsable, jusqu'à un certain point, des fautes que ses enfants ont pu commettre plus tard ? Dès lors, ne pourrait-on pas admettre au moins que les petits-enfants naturels viennent à la succession de leur aïeul, lorsque celui-ci meurt sans laisser aucun parent au degré successible ? On pourrait répondre que le législateur qui protège la famille légitime a voulu frapper avec plus de rigueur une inconduite dont le caractère semble héréditaire. Mais, s'il en est ainsi, pourquoi n'être pas allé jusqu'au bout et ne pas avoir frappé le petit-enfant d'une véritable incapacité vis-à-vis de son aïeul ? La loi, en considérant le petit-enfant comme un étranger, donne à l'aïeul dont l'enfant naturel est prédécédé la faculté de lui léguer la quotité disponible qui peut être de l'intégralité de la succession, s'il meurt sans laisser aucun héritier réservataire.

Le législateur semble lui-même avoir obéi à l'idée que nous exposons en admettant, dans certaines conditions, les frères et sœurs naturels, à venir à la succession l'un de l'autre, après avoir refusé tout droit aux frères naturels dans la succession de leurs frères et sœurs légitimes. Cette différence ne tient-elle pas à ce que les frères et sœurs naturels sont vis-à-vis l'un de l'autre dans des rapports de parenté naturelle !

La loi se montre plus favorable pour les descendants légitimes de l'enfant naturel, et l'article 759 admet les enfants ou descendants de l'enfant naturel à réclamer les droits fixés par les articles précédents. Mais comment devons-nous entendre cette disposition ? Tout d'abord, nous rappelons que le bénéfice de l'article 759, malgré la généralité des termes employés, ne saurait être reconnu qu'aux enfants ou descendants légitimes. Mais quelle est la nature et l'étendue de ce bénéfice ?

A la lecture de cet article, il est facile de voir que le législateur a visé directement l'hypothèse de la représentation. La loi prévoit le cas de prédécès de l'enfant naturel ; or, les descendants ne peuvent venir que par représentation, quand leur auteur est prédécédé. C'est ce qui résulte de l'article 740. Mais faut-il en conclure que la loi n'admet pas les petits-enfants à venir de leur chef ? Nous ne le pensons pas, bien que cette opinion ait eu ses partisans. La représentation a pour effet de faire entrer les représentants dans la place, dans le degré et dans les droits du représenté, mais nul ne peut invoquer le bénéfice de la représentation, s'il ne vient en vertu d'un pouvoir qui lui est propre. Le droit de représenter suppose le droit de venir de son chef, et, dès lors, le législateur, dans l'article 759, n'avait pas à prévoir directement une hypothèse qui se trouve sous-entendue.

*Une autre difficulté plus considérable encore que les précédentes est celle qui résulte de la présence de plusieurs enfants naturels. Comment faudra-t-il calculer leurs droits ?*

Plusieurs systèmes ont été soutenus et bien des efforts ont été faits pour n'aboutir à aucune solution satisfaisante.

Le premier système qui se présente à l'esprit est d'envisager isolément chaque enfant naturel. C'est le système défendu par Unterholzner. L'argumentation est la suivante : l'enfant naturel, aux termes de l'article 757, a droit à une part de la quotité à laquelle il aurait eu droit, s'il eût été légitime, or, comme enfant légitime, il aurait profité de la réduction opérée sur la part de l'autre enfant naturel, donc il doit en profiter dans la mesure et la proportion établies par l'article 757, c'est-à-dire pour un tiers. Raisonnons sur un exemple. Supposons deux enfants naturels et un enfant légitime ayant à se partager une succession de 54,000 francs.

Si Primus, enfant naturel, était légitime, il viendrait en concours avec un enfant légitime et l'autre enfant naturel qui comme tel n'a droit qu'au neuvième de la succession ou 6.000 fr. Restent 48,000 fr. qu'il faudrait partager par moitié entre les deux enfants légitimes, mais Primus, comme enfant naturel, n'a droit qu'au tiers de la moitié ou à 8.000 fr. Nous donnerons par le même calcul 8.000 fr. à l'autre enfant naturel. Il reste 38.000 fr. que nous attribuerons à l'enfant légitime.

Ce mode de calcul semble très équitable et a le grand
mérite de faire bénéficier l'enfant naturel pour une part
plus faible de la réduction dont il aurait profité comme
enfant légitime. En cela il est parfaitement conforme aux
termes de l'article 757, mais il est aujourd'hui presque
universellement repoussé et principalement pour deux raisons : la première est qu'il suppose connue en réglant la
part du premier enfant naturel, la part à laquelle
a droit l'autre enfant naturel, sans tenir compte de la
réduction dont celui-ci doit profiter. On se trouve ainsi
enfermé dans un cercle vicieux et, pour triompher de la
difficulté, on a eu recours à des calculs algébriques fort
compliqués. La seconde objection que l'on fait à ce système
est qu'il est contraire à l'esprit de la loi. Et en effet, si
nous augmentons par hypothèse le nombre des enfants
naturels, nous arrivons à ce résultat que la part attribuée
aux enfants naturels serait de plus de la moitié de la succession, de sorte que les enfants légitimes seraient moins
bien traités que les ascendants et les frères et sœurs que
la loi place pourtant dans une catégorie moins favorable.
Et puis le système a le grand inconvénient d'être très
compliqué; l'argument n'est assurément pas sans réplique,
mais il est permis de croire que le législateur ne s'est pas
arrêté à un mode de calcul qui donnerait lieu dans la pratique à de si grandes difficultés.

Un autre système a été soutenu par M. Blondeau dans
son traité de la séparation des patrimoines. Il consiste
à considérer la part héréditaire comme une part

sociale. L'enfant légitime aurait une part entière, l'enfant naturel un tiers de part, de sorte qu'il faudrait trois enfants naturels pour qu'ils puissent prétendre à une part égale à celle d'un enfant légitime. Ce système a le même inconvénient que le précédent, il aboutit à donner dans certains cas plus de la moitié de la succession aux enfants naturels. C'est ce qui arriverait notamment dans le cas de concours de quatre enfants naturels avec un enfant légitime. Mais il faut ajouter qu'il est contraire aux termes de l'article 757 qui n'attribue pas à l'enfant naturel le tiers de la part d'un enfant légitime, mais le tiers de la part à laquelle il aurait droit comme enfant légitime. Or, le résultat est bien différent dans les deux cas, comme il est facile de s'en rendre compte par un exemple. Supposons un enfant légitime et un enfant naturel et une masse à partager de 90.000 fr. L'enfant naturel ne devant avoir que le tiers de la portion qu'il aurait eue s'il eût été légitime, n'aura que 15.000 fr., et l'enfant légitime 75.000 fr. ; si l'on attribuait à l'enfant naturel le tiers de la part qui revient à l'enfant légitime, l'enfant légitime serait réduit à une part moins considérable.

Un troisième système, fort ingénieux, a été soutenu par un avocat de Lyon, M. Gros. D'après ce système, la loi n'ayant pas prévu le cas, il faut suppléer à son silence. Une proportion a été établie dans l'article 757 pour le cas où il n'y aurait qu'un enfant naturel, il faut maintenir cette proportion, quel que soit le nombre des enfants naturels. Dans l'hypothèse où il n'y a qu'un seul enfant légitime, le rapport est de 1 à 5, car l'enfant naturel prend 1/6 de la succession et l'enfant légitime les 5/6. Ce rapport devra être maintenu, y eût-il plusieurs enfants naturels. Soit 2 enfants naturels et 1 enfant légitime, l'enfant légitime prendra les 6/8 et les 2/8 qui resteront se partageront entre les enfants naturels. S'il y avait 2 enfants légitimes et 1 enfant naturel, le rapport est de 1 à 4, il faudra le maintenir. M. Valette a généralisé pour les autres hypothèses de concours. Le système de répartition de M. Gros se ramène en somme à un calcul fort simple, mais il est comme les précédents contraire à l'esprit de la loi et conduit, dans certains cas, à donner moins à l'enfant légitime qu'aux ascendants et frères et sœurs qui concourraient avec des enfants naturels. Soit, 6 enfants naturels et 1 enfant légitime, les enfants naturels, d'après ce mode de répartition prendraient 6/11, plus de la moitié de la succession.

Tels sont les systèmes qui ont été soutenus pour faire bénéficier l'enfant naturel de la réduction subie par les autres enfants naturels. Les uns sont compliqués, les autres fort simples, tous semblent contraires à l'esprit de la loi. Aussi, la jurisprudence admet-elle qu'il faut considérer les enfants naturels collectivement, sans essayer de faire bénéficier chaque enfant naturel des réductions subies par les autres. Soit, 2 enfants naturels et 1 enfant légitime. Si les 2 enfants naturels avaient été légitimes, ils auraient pris chacun 1/3 de la succession, mais, comme ils sont naturels, ils ne prendront que le tiers du tiers ou le neuvième. Chaque enfant naturel prendra 1/9 et l'enfant légitime 7/9. Ce système très simple est consacré par une jurisprudence constante et défendu par la plupart des auteurs. MM. Aubry et Rau le défendent en faisant remarquer que ce n'est que dans l'intérêt des parents légitimes que le législateur a réduit les droits des enfants naturels, que, dès lors, il est contraire à l'esprit de la loi de vouloir en faire bénéficier les enfants naturels, même pour une faible part. Il est vrai que, dans certains cas, les droits de l'enfant naturel vont être réduits à une somme insignifiante, mais si la condition des enfants naturels est rigoureuse, c'est au législateur qu'il convient d'adresser un reproche. La difficulté est de concilier cette interprétation avec les termes de l'article 757, mais on fait remarquer qu'il faut lire « les enfants naturels ». On invoque la rubrique intitulée : « Des droits des enfants naturels », on observe que Malleville, Cambacérès, Jollivet se sont toujours exprimés au pluriel dans la discussion. Le meilleur argument est que c'est le système le plus conforme à l'esprit de la loi et que, dans le doute, il convient de conclure contre les enfants naturels. La solution a l'avantage d'être beaucoup plus simple que les autres, à propos desquelles Delvincourt disait « qu'il a fallu se creuser la tête pour les découvrir ». Le système de la jurisprudence a été défendu par M. Demolombe (1).

Tel est l'article 757 avec son cortège de difficultés. Si

(1) Delvincourt, t. II, p. 24, note 5. — Demolombe, XIV, 67, 71.

maintenant le de cujus n'a laissé ni descendants légitimes, ni ascendants ou frères et sœurs, ni collatéraux, quels seront les droits de l'enfant naturel ?

La question doit être étudiée à deux époques, avant et après la loi du 9 mars 1891. Nous diviserons nos explications en deux paragraphes :

(A) *Régime antérieur à la loi de 1891.*

Sous l'empire du Code de 1804, l'enfant naturel primait intégralement le conjoint. C'est ce qui résultait de l'article 758 accordant à l'enfant naturel la totalité des biens, lorsque ses père et mère ne laissaient pas de parents au degré successible. Ces parents, ce sont ceux que l'article 757 échelonne en trois catégories, ce sont les parents du défunt jusqu'à la parenté collatérale du douzième degré inclusivement. L'article 767, d'autre part, réglementant les droits de l'époux à la succession du conjoint prédécédé, s'exprimait ainsi : « Lorsque le défunt ne laisse ni parents au degré successible, ni *enfants naturels*, les biens de la succession appartiennent au conjoint non divorcé qui lui survit ». Donc, aucun doute n'était possible et l'enfant naturel écartait le conjoint pour l'intégralité de la succession. La condition de l'enfant naturel se trouvait être ainsi la même que s'il avait été légitime. Sous l'empire de cette législation, le conjoint qui avait peut-être vécu dans l'aisance pendant la durée du mariage, restait exposé à tomber dans une situation précaire, par l'insouciance d'un conjoint qui n'avait pas pris la précaution de l'avantager sur sa quotité disponible. Réduit au partage d'une communauté peut-être sans importance, le conjoint pouvait se trouver sans aucune ressource, si les époux avaient adopté un régime matrimonial sans communauté. L'enfant naturel, s'il n'était pas l'enfant du conjoint survivant, pouvait se désintéresser du sort de celui-ci et n'était pas tenu d'une dette alimentaire qui ne grevait pas les successeurs en cette seule qualité. Depuis longtemps, le législateur s'était préoccupé de faire au conjoint survivant une situation meilleure, à l'instar de la plupart des législations étrangères. En 1849, un projet fut déposé sur le bureau de l'Assemblée nationale, les événements entravèrent l'œuvre du législateur. Un nouveau projet fut déposé à l'Assemblée nationale en 1872, par M. Delsol, et c'est ce projet qui, arrêté par le remaniement de notre régime constitutionnel et repris en 1877, est devenu la loi du 9 mars 1891, après treize années de labeur parlementaire.

C'est ainsi que, jusqu'en 1891, les droits du conjoint furent réglés par l'article 766. C. civ. Mais cela ne doit être admis que sous une double réserve résultant de deux lois postérieures au Code civil et antérieures à la loi de 1891. Ce sont les lois du 14 juillet 1866 sur la propriété des œuvres littéraires et artistiques, et des 25 et 28 mars 1873 sur la condition des déportés à la Nouvelle-Calédonie. L'une et l'autre de ces lois ont limité les droits de l'enfant naturel vis-à-vis du conjoint survivant.

La loi de 1866 décide, dans son article 1er, que le conjoint survivant aura la jouissance, pendant cinquante ans à partir du décès de l'auteur, des biens dont celui-ci n'a pas disposé par acte entre vifs ou testament, mais que cette jouissance est réduite au profit des héritiers réservataires, suivant les proportions établies par les articles 913 et 915 du Code civil.

Si nous refusons à l'enfant naturel un droit de réserve, le conjoint, vis-à-vis de l'enfant naturel, aura la jouissance intégrale.

Si nous admettons, avec la majorité des auteurs, que l'enfant naturel est un héritier réservataire, le conjoint aura droit à la jouissance jusqu'à concurrence du droit de réserve de l'enfant naturel, et ce droit de réserve, comme nous le verrons plus tard, est aussi étendu que celui de l'enfant légitime, quand l'enfant naturel vient à la succession à défaut de parents successibles.

Mais, dans un cas comme dans l'autre, nous devons remarquer que c'est une partie de la fortune du défunt qui se trouve attribuée au conjoint par préférence à l'enfant naturel. Mais il faut ajouter que ce droit de jouissance n'a pas lieu au profit du conjoint contre lequel une séparation de corps a été prononcée et qu'il cesse si le conjoint contracte un nouveau mariage.

La loi de 1873 décide, dans son article 13, que la veuve du concessionnaire, si elle habitait avec son mari, succèdera à la moitié en propriété, tant de la concession que des autres biens que le déporté aura acquis dans la colonie, sauf au cas d'existence d'enfants légitimes ou autres descendants dans lequel le droit de la femme ne sera que du tiers en usufruit. Cette loi accorde ainsi, dans tous les cas, au conjoint survivant, un droit de succession qui varie selon la qualité des héritiers.

L'article 767 a donc reçu de ces deux lois une double restriction, mais ce sont là des textes qui ne visent que des situations tout-à-fait spéciales, répondant à des besoins particuliers et, ce qui le prouve, c'est qu'ils ont survécu à la promulgation de la loi de 1891. Les déportés à la Nouvelle-Calédonie ne forment heureusement que l'exception, les auteurs littéraires et artistiques dont les droits d'auteurs constituent un élément important de la fortune ne sont pas non plus la majorité et le besoin se faisait sentir d'une loi protégeant les conjoints qui ne se trouvent placés ni dans l'une, ni dans l'autre de ces deux situations exceptionnelles.

(B) *Régime postérieur à la loi de 1891.*

La loi de 1891 donne au conjoint un droit d'usufruit qui varie selon la qualité des parents laissés par le de cujus. Il nous suffira de relever ce qui dans cette loi se rapporte à l'objet de notre étude et de voir comment la condition des enfants naturels a été modifiée. La loi a innové sous un double rapport : au point de vue du droit de succession et au point de vue de la dette alimentaire.

L'enfant naturel n'exclut plus le conjoint qui peut réclamer désormais un droit d'usufruit sur la succession du de cujus. La loi décide que ce droit d'usufruit est de moitié, lorsque le de cujus laisse des héritiers autres que des enfants. Donc le conjoint a droit à l'usufruit de la moitié de la succession, lorsque le de cujus ne laisse que des enfants naturels. Le mot « héritiers » est ici pris dans son acception large comme synonyme de « successeurs ».

La situation est un peu plus compliquée, si le défunt a laissé d'autres parents. Ce droit d'usufruit est du quart de la succession, si ce sont des enfants légitimes ou des descendants, et réduit à une part d'enfant le moins prenant, sans pouvoir jamais dépasser le quart, lorsque le défunt laisse des enfants nés d'un précédent mariage. Dans le cas où l'enfant naturel concourt avec d'autres héritiers, il faut décider qu'il supportera l'usufruit dans la proportion pour laquelle il vient à la succession.

Mais la loi n'a pas entendu créer au profit du conjoint un droit de réserve, et, dès lors, le de cujus pourrait toujours le priver du bénéfice de la loi. Cela résulterait même nécessairement de ce qu'il a disposé de toute sa quotité disponible, car le droit d'usufruit ne saurait entamer la réserve des héritiers.

Ajoutons que le conjoint ne saurait réclamer le droit d'usufruit, quand le de cujus lui a fait par donation ou par legs une libéralité dont le montant égale ce qu'il retirait de l'usufruit ; si le montant de la libéralité est inférieur, il ne peut réclamer que le complément. Dans tous les cas, l'usufruit est convertible en rente viagère à la demande des héritiers.

Mais comment cet usufruit devra-t-il être calculé ? Le législateur a admis qu'il faut former une masse comprenant les biens existant dans la succession, en rapportant *fictivement* les biens dont le de cujus a disposé au profit des successibles sans dispense de rapport.

Si l'on combine toutes ces données, on voit que le rapport n'intervient que pour le calcul de la masse, que le droit d'usufruit ne pourra s'exercer sur les biens sortis du patrimoine par dons ou par legs, et si l'on songe d'autre part que le droit d'usufruit ne s'exerce pas non plus sur la réserve, il est facile de voir que le droit d'usufruit sera nul, si le de cujus a disposé par ailleurs de sa quotité disponible. Ce résultat ne fut pas admis sans compensation et le législateur a renforcé le droit de créance alimentaire du conjoint. La dette alimentaire, nous l'avons vu plus haut, n'était pas une dette de succession, mais une dette personnelle à certains parents. Désormais, la loi de 1891 permet au conjoint de poursuivre la succession pour le paiement de la dette alimentaire. Les successeurs, quoique étrangers au conjoint survivant, en seront tenus comme successeurs et notamment l'enfant naturel pourra être poursuivi, même sur sa réserve, la loi ne fait pas pour la dette alimentaire la même distinction que pour le droit d'usufruit. « Le conjoint survivant ne sera pas réduit à la misère, disait Monsieur Delsol (1), car nous lui accordons, à tout événement, une créance d'aliments sur la sucession. »

(1) Discours de M. Delsol, séance du 14 novembre 1890, *Journal Officiel* du 15 novembre 1890, p. 1033.

II. Le législateur donne aux père et mère naturels, dans l'article 761, le moyen de réduire les droits de l'enfant naturel à leur succession : « Toute réclamation leur « est interdite, lorsqu'ils ont reçu, du vivant de leur « père ou de leur mère, la moitié de ce qui leur est « attribué par les articles précédents, avec déclaration « expresse, de la part de leur père et mère, que leur « intention est de réduire l'enfant naturel à la portion « qu'ils lui ont assignée. Dans le cas où cette portion « serait inférieure à la moitié de ce qui devrait revenir à « l'enfant naturel, il ne pourra réclamer que le supplé- « ment nécessaire pour parfaire cette moitié ».

Mais quelles sont les conditions de validité de cette réduction ? Suffit-il de la volonté unilatérale de l'auteur naturel exprimée en termes exprès, ou faut-il exiger en outre le consentement de l'enfant naturel ?

Deux opinions ont été soutenues. Le droit de réduction, a-t-on dit, est un droit absolu, découlant de la puissance paternelle, il consiste dans l'exercice d'un acte qui puise sa force et sa légalité dans l'autorité paternelle. Moyennant une compensation dont la nature et l'étendue est fixée par l'article 761, la loi s'en remet à la discrétion des père et mère naturels. Ce système a été soutenu par quelques auteurs et il a pour lui une jurisprudence constante. La thèse se trouve nettement formulée dans un arrêt de la Cour de cassation rendu en 1847 et, plus récemment, dans un arrêt de la Chambre civile du 2 mai 1888. Les arguments que l'on fait valoir sont les

suivants : l'article 761 exige une déclaration expresse du
disposant, mais ne parle pas du consentement de l'enfant
naturel ; dès lors, pourquoi ajouter une condition qui n'est
pas prescrite par la loi? Et d'ailleurs, ajoute-t-on, l'esprit
de la loi n'impose-t-il pas cette manière de voir? Le
législateur a voulu permettre aux père et mère naturels
d'écarter de leur succession, par des raisons de conve-
nance personnelle, un successeur dont la présence pourrait paraître odieuse aux parents légitimes, d'éviter par
l'exclusion de l'enfant naturel une complication de nature
à envenimer les opérations du partage déjà si délicates
par elles-mêmes. Comprendrait-on, s'il en est ainsi, et le
doute n'est pas permis si l'on se reporte aux travaux préparatoires, que la loi accorde un moyen dont l'efficacité
resterait subordonnée au bon vouloir de l'enfant naturel !
N'est-il pas certain que le législateur s'en est remis à la
seule volonté du disposant qui reste seul juge de la situation et de l'opportunité de la mesure ?

Malgré la valeur de ces arguments, nous ne pensons pas
que cette opinion soit exacte et nous pensons que le législateur s'est arrêté à une demi-mesure. Cela n'est d'ailleurs
pas spécial à la question qui nous occupe et la législation
des enfants naturels est tout entière empreinte de la même
hésitation. C'est le propre de ces régimes transactionnels
d'édicter des dispositions d'une apparence contradictoire
pour concilier des intérêts opposés. C'est une remarque que
nous aurons de nouveau à faire en étudiant l'article 337.

Quelle est la nature juridique de l'opération permise

par l'article 761 ? Ce serait, d'après Pont (1), une disposition testamentaire anticipée. La vérité est que le législateur aurait créé un nouveau mode de disposition à titre gratuit, qui n'est pourtant consacré nulle part et que l'on induit seulement des termes équivoques d'un article. Si ce n'est pas un testament, ce ne peut être qu'une donation, car notre droit ne permet de disposer à titre gratuit que par donation ou par testament ; or, toute donation n'implique-t-elle pas l'accord de deux volontés ? Et d'ailleurs, M. Siméon, dans son discours au corps législatif, s'est servi du mot « donation » et la jurisprudence elle-même, dans les arrêts que nous avons cités, raisonne sur l'hypothèse d'une donation.

Les père et mère naturels pourraient ne pas reconnaître l'enfant naturel, l'article 761 aurait pour but, fait-on remarquer, de permettre à l'auteur de la reconnaissance, d'en restreindre les effets. Mais c'est oublier que la reconnaissance est un devoir pour les père et mère et un droit pour l'enfant naturel. L'exercice de ce droit en justice est sans doute renfermé par la loi dans des limites fort restreintes, mais il ne dépend de personne de réduire arbitrairement les effets d'une constatation légalement établie.

On ajoute que l'article 761 est une arme entre les mains du père naturel, arme destinée à renforcer son autorité. Nous répondrons que ce n'est pas là le motif déterminant de la loi.

Les termes de l'article 761 sont loin de contredire notre opinion, ils se contentent de permettre une libéra-

(1) Pont, *Revue de Législation*, 1846, p. 55 et sts.

lité avec clause de renonciation à succession future, clause qui, d'après le droit commun est prohibée, conformément aux articles 791 et 1130 du Code civil ; ils exigent, pour la validité de cette clause, que le disposant ait déclaré formellement son intention, mais nulle part il n'est dit que le droit commun, d'une façon générale, ne restera pas applicable. L'article 761 est une règle exceptionnelle, dérogatoire au droit commun, dont on ne doit pas étendre la portée. Il n'est d'ailleurs pas exact de prétendre que l'utilité de l'article 761 disparaît, si l'on exige le consentement de l'enfant naturel. N'est-ce pas donner aux père et mère naturels une bien grande latitude que de leur permettre d'écarter l'enfant naturel de la succession en obtenant de celui-ci une renonciation à succession future ? L'enfant naturel acceptera le plus souvent une combinaison dont la réalisation doit lui procurer l'avantage d'une jouissance anticipée. L'ancien droit permettait au père qui dotait sa fille, de l'exclure de sa succession future, et Lebrun nous dit que l'acceptation de la fille était nécessaire. La renonciation à la succession future de la part de la fille dotée était fréquente, pourquoi dès lors voir, dans l'article 761, tel que nous l'interprétons, un moyen dénué de toute efficacité ?

Donc, l'acte permis par l'article 761, est bien une donation, laquelle pour sa validité reste soumise aux formalités des donations ordinaires. Il faut en conclure en outre que la déclaration du père ne pourrait être faite par lui postérieurement à cette donation, le contrat intervenu obligeant et liant les parties contractantes.

Quoiqu'il en soit, la jurisprudence est formelle en sens contraire, admet la déclaration expresse du père comme suffisante et décide que la déclaration peut intervenir utilement après l'attribution. Même dans le système de la jurisprudence, cette solution est très contestable, la loi exige « l'attribution avec déclaration... », ce qui laisse à entendre que les deux actes doivent être concomitants. Un arrêt de la Cour de Pau, du 12 mai 1856, décide qu'une mise en demeure suffira pour triompher de la résistance et du mauvais vouloir de l'enfant naturel. Un pareil système se comprendrait, s'il s'agissait du paiement d'une créance, mais l'enfant naturel a des droits de succession et non pas des droits de créance. Et encore y aurait-il des doutes, car le créancier ne peut pas recevoir un paiement partiel, ni renoncer à une partie de sa créance sans son consentement.

Là ne s'arrêtent pas les difficultés que soulève l'interprétation de l'article 761, et d'autres points nombreux restent obscurs.

Comment calculer cette moitié dont parle l'article 761 ? est-ce la moitié de la réserve de l'enfant naturel ? La Cour de cassation, dans un arrêt du 31 août 1847, adopte le système le moins favorable aux enfants naturels. L'enfant naturel était dans l'espèce en concours avec des neveux. La Cour décide que l'enfant naturel aurait eu droit aux 3/4 de la succession (nous avons fait remarquer antérieurement que nous croyons au contraire que les neveux réduisent l'enfant naturel de moitié et non pas du quart); que la quotité disponible ayant été épuisée, l'enfant naturel aurait été réduit aux 3/4 de la 1/2 ou aux 3/8 qui forment sa réserve ; mais que le législateur, ayant permis aux père et mère naturels, par l'article 761, de réduire l'enfant naturel à la moitié des droits attribués à lui par les articles précédents, l'enfant naturel peut se trouver ainsi réduit à la 1/2 des 3/8 ou aux 3/16 de la succession.

Cette solution, admise par M. Demante, est repoussée par M. Colmet de Santerre et ne nous semble pas exacte. Le législateur a donné le choix entre deux combinaisons, sans permettre de les employer cumulativement. L'article 761, comme le fait justement remarquer Marcadé, ne dit pas que l'enfant pourra n'avoir que la moitié de la portion quelconque qu'il devrait avoir au décès, mais bien la moitié de la portion ordinaire telle qu'elle est marquée par les articles précédents. Nous ne devons pas perdre de vue la règle : « Exceptio est strictissimæ interpretationis », la dérogation au droit commun est assez grave pour qu'il faille se renfermer dans les limites de la disposition. Il est bien vrai que la réserve de l'enfant naturel résulte de la combinaison des articles 761, 757 et 913 du Code civil, mais le législateur, en renvoyant aux articles précédents, s'est préoccupé de la situation normale, dégagée des complications qui peuvent résulter des règles de la quotité disponible et de la réserve.

Tel doit être à notre avis le montant de la donation ;

Quid, si le montant est inférieur à la moitié tel que nous venons de la déterminer ? L'article 761 nous dit, dans son dernier alinéa, que l'enfant naturel ne pourra réclamer que le supplément nécessaire pour parfaire cette moitié. Donc l'insuffisance de la donation n'empêche pas l'exclusion de l'enfant naturel, mais nous ne pensons pas que le principe soit absolu et les motifs de la loi doivent en déterminer la portée. L'exclusion a pour corollaire une compensation dont le montant est fixé par la loi ; que si l'opération avait manqué son effet, parce qu'il y a eu un écart quelconque entre l'attribution réelle et l'attribution légale, c'eût été donner aux père et mère naturels un droit illusoire, car ils ne peuvent calculer qu'approximativement la valeur de leur succession. Mais l'exception de 761 se légitime par un dédommagement dont l'importance doit être suffisante pour ne pas sacrifier complètement les enfants naturels. C'est ce que décide la jurisprudence, et un arrêt de la Chambre civile du 2 mai 1888 reconnaît compétence aux juges du fonds pour décider si le supplément à fournir est important ou ne représente au contraire qu'une fraction modique de la moitié. Les mêmes motifs nous conduisent à décider également que l'enfant naturel ne saurait renoncer valablement à son action en supplément, ni à plus forte raison renoncer à la succession, quel que soit l'écart entre la libéralité reçue et la moitié de sa part héréditaire. Les articles *791 et 1130* reprennent leur empire, dès que nous ne sommes plus dans les limites de la dérogation qui leur est apportée. C'est ce qu'ont décidé M. Demolombe et un arrêt de la Cour de Bruxelles du 18 février 1813 (1).

De ce que l'article 761, pour être applicable, exige une compensation du vivant du disposant, il faut en conclure que la donation doit être actuelle, irrévocable, qu'une institution contractuelle ne serait pas suffisante. Nous pensons également, contrairement à ce que certains arrêts ont décidé, que l'exécution de la donation ne doit pas être reportée au jour du décès du disposant, il faut une compensation effective, une anticipation de jouissance. Mais nous admettons au contraire, avec MM. Aubry et Rau, que le donateur pourrait se réserver l'usufruit, à condition toutefois que l'on tienne compte de la moins-value qui résulte de cette réserve.

La dérogation s'explique par l'intérêt de la famille légitime, nous en déduirons cette autre conséquence que la combinaison ne produira son effet que si le de cujus laisse des parents légitimes, non s'il ne laisse que des successeurs irréguliers. Il faudrait, pour qu'il en fût autrement que la loi ait pour but non de protéger la famille légitime, mais de frapper la personne de l'enfant naturel. On a fait à cette opinion des objections très sérieuses. L'article 761 renvoie, dit-on, aux articles précédents qui règlent les droits de succession de l'enfant naturel, non seulement vis-à-vis des parents légitimes, mais encore vis-à-vis des successeurs irréguliers. Et

(1) Demolombe XIV, 114.

Bruxelles, 18 fév. 1813, s., 13, 2, 225.

d'ailleurs, ajoute-t-on, la loi a eu aussi pour but de donner aux parents naturels un moyen d'autorité pour maintenir les enfants naturels dans la voie de la piété filiale, dès lors la distinction entre les parents légitimes et les successeurs irréguliers ne se comprend plus. Nous répondrons que ces raisons n'ont qu'une valeur subsidiaire et que le motif déterminant a été l'intérêt de la famille légitime. Quant au renvoi de l'article 761 aux textes qui le précèdent, il nous semble qu'il ne faut pas lui accorder une si grande importance. La disposition doit s'interpréter surtout en elle-même et par l'esprit qui l'a inspirée.

M. Demante admet que la réduction doit profiter aux successeurs irréguliers, mais il fait une distinction et décide qu'il faudra tenir compte de la volonté du disposant, que, dans le doute, il faut plutôt se prononcer en faveur de l'enfant naturel. Mais nous pensons que le système de l'article 761 doit être pris dans son ensemble; que l'opération doit être prise ou rejetée dans son entier par les parents naturels, et que ceux-ci ne sauraient en scinder les effets. Nous préférons décider, avec MM. Aubry et Rau, que la réduction ne saurait en aucun cas appartenir, ni au conjoint survivant, ni à l'État, ni aux autres enfants naturels. Mais nous admettons pourtant une réserve et nous pensons que les autres enfants naturels, s'ils viennent en concours avec des parents légitimes, pourront profiter de la réduction opérée au profit de ceux-ci. C'est un bénéfice qui tombe dans la succession et qui doit profiter à l'enfant naturel dans la proportion établie par l'article 757. Quelque soit le motif que l'on assigne à 761, cette solution nous semble s'imposer. Que l'on reconnaisse que le disposant a voulu écarter l'enfant naturel du partage ou exercer un droit d'autorité, il est certain que la mesure ne désigne que l'enfant naturel donataire et que les autres enfants naturels restent soumis au bénéfice du droit commun. On soulève une autre objection tirée de 908 qui ne permet pas à l'enfant naturel de recevoir par donation entre vifs ou par testament au-delà de ce qui lui est accordé au titre des successions. Mais il nous semble que nous sommes en dehors de cet article, pusqu'il s'agit de faire bénéficier les autres enfants naturels en leur qualité de successeurs ab intestat. L'*article 908* interdit d'avantager les enfants naturels au-delà des droits de succession que leur accorde la loi, notre solution ne porte aucun préjudice à la famille légitime qui aurait pu être privée du bénéfice de la réduction, si le disposant n'avait pas usé de la faculté qui lui est accordée par l'article 761. Le droit commun se trouve dans l'article 757 auquel il faut revenir, dès que nous ne sommes plus dans les limites de la dérogation.

Il est permis de croire que le législateur, dans l'article 761, a poursuivi un but qui n'est guère réalisé dans la pratique. Il a permis aux père et mère naturels d'exclure l'enfant naturel, mais celui-ci, en fait, interviendra au partage pour calculer la valeur de la succession et discuter le mérite de la donation qui l'exclut des bénéfices du partage.

III. L'article 761 apporte une restriction aux droits de succession des enfants naturels, mais cette restriction, quelque interprétation que l'on admette, résulte de la volonté, soit de la volonté de l'auteur naturel, selon le système de la jurisprudence, soit de l'accord des deux volontés de l'auteur de la reconnaissance et de l'enfant naturel, si nous admettons que la restriction ne peut provenir que d'une donation. L'*article 337* crée, au contraire, une restriction légale, une incapacité complète à l'égard de certaines personnes.

L'article 337 dispose que « la reconnaissance faite pen-
« dant le mariage, par l'un des époux au profit d'un
« enfant naturel qu'il aurait eu avant son mariage d'un
« autre que de son époux, ne pourra nuire ni à celui-ci,
« ni aux enfants nés de ce mariage. Néanmoins, elle
« produira son effet après la dissolution de ce mariage,
« s'il n'en reste pas d'enfants. »

De même que sur l'article 761, on est loin de s'entendre sur la portée de l'article 337. Et d'abord quelle a été l'idée inspiratrice de cette disposition ? La détermination des motifs qui la justifient nous guideront pour la solution des difficultés que le texte soulève.

L'explication de l'article 337 se trouve tout entière dans ces mots de Bigot de Préameneu qui, supposant l'application du droit commun pour cette hypothèse particulière, s'exprimait ainsi : « Ce serait violer la foi sous « laquelle le mariage a été contracté. »

Le législateur a pensé que le conjoint et les enfants nés

du mariage ne doivent pas souffrir d'une reconnaissance tardive qui, autrement, viendrait troubler la paix du ménage. Cette reconnaissance faite au cours du mariage apparaît dans les mœurs comme tellement grave que l'on a pu se demander si elle ne constitue pas une injure grave suffisante pour motiver une demande en divorce. Dès lors, il a paru sage au législateur d'en atténuer les conséquences en paralysant dans une certaine mesure les effets ordinaires que la reconnaissance entraîne. L'esprit de la disposition prohibitive *de 337* a conduit certains auteurs à en étendre la portée et notamment à refuser à l'enfant naturel tout droit à une pension alimentaire ; quelques-uns sont allés jusqu'à prétendre que le devoir d'éducation ne saurait légitimer les dépenses qui viendraient de ce chef porter atteinte aux intérêts pécuniaires du conjoint et des enfants légitimes. Nous n'avons à envisager l'article 337 qu'en tant qu'il déroge aux droits de succession, tels qu'ils résultent des articles 756 et suivants du Code civil.

Des termes de l'article 337 découle a contrario la conséquence suivante : la reconnaissance produira tous ses effets ordinaires vis-à-vis des héritiers autres que le conjoint et les enfants légitimes nés du mariage pendant laquelle elle a été faite ; il en sera de même vis-à-vis de ces personnes privilégiées, lorsque leurs droits, d'après l'application du droit commun, n'auraient reçu aucune atteinte du concours de l'enfant naturel. C'est ce qui arrivera notamment, lorsque le conjoint et les enfants légitimes sont déjà écartés de la succession par une cause étrangère à la présence de l'enfant naturel comme l'indignité et la renonciation. Le dernier alinéa de l'article le dit formellement pour le cas où, après la dissolution du mariage, il n'en resterait pas d'enfants, mais il n'y a pas de bonnes raisons pour ne pas appliquer la même décision dans les hypothèses où il y a identité de motifs. C'est ainsi encore que l'enfant naturel jouirait de l'intégralité de ses droits vis-à-vis du conjoint qui se trouve privé du bénéfice de la loi de 1891.

La loi de 1891 a élargi le champ d'application de l'article 337 et nous trouvons ici l'occasion d'étudier ce document législatif sous un autre de ses aspects. Nous pouvons dès lors, après ces quelques données générales, parcourir les diverses hypothèses qui peuvent se présenter :

L'auteur de la reconnaissance ne laisse-t-il ni descendants légitimes, ni conjoint, ou l'un et l'autre de ces héritiers sont-ils indignes ou renonçants : la reconnaissance produira tous ses effets ;

L'auteur naturel laisse-t-il au contraire des descendants légitimes nés du mariage pendant lequel la reconnaissance a été faite et son conjoint : l'enfant naturel sera exclu de la succession ;

Le de cujus laisse-t-il des ascendants ou collatéraux et son conjoint : le conjoint, d'après la loi de 1891, n'aurait jamais eu droit qu'à l'usufruit de la 1/2 de la succession, même en l'absence de l'enfant naturel. Il est donc impossible de dire dans cette hypothèse que l'enfant naturel nuit au conjoint survivant. Dès lors, *l'article 337* reste sans application, si nous supposons toutefois que le conjoint se trouve rempli de son droit d'usufruit sans avoir besoin de l'exercer sur la réserve de l'enfant naturel, ce qu'il pourrait assurément faire, puisque la présence de l'enfant naturel ne saurait lui nuire en aucun cas.

Une quatrième hypothèse un peu plus compliquée est lorsque le de cujus laisse des enfants issus d'un précédent mariage et son conjoint. La loi de 1891 donne au conjoint un droit d'usufruit qui varie selon le nombre des enfants qui viennent à la succession, une part d'enfant le moins prenant, sans que cette part puisse jamais excéder le quart de la succession. La difficulté vient do ce que, vis-à-vis des descendants nés du premier mariage, la reconnaissance produit ses effets, tandis qu'elle n'est pas opposable au conjoint qui autrement verrait sa part réduite, puisque le concours de l'enfant naturel aura pour résultat de réduire la part d'enfant. Cela étant, comment calculer les droits de l'enfant naturel ? Il faudra décider que le conjoint prendra, sur la part de l'enfant naturel, la portion dont il se trouve privé vis-à-vis des autres, en raison de sa présence.

D'autres concours peuvent se produire, qui devront être réglés de la même manière, par le jeu de la combinaison de l'article 337 et des principes du droit commun.

Pour que la reconnaissance soit ainsi paralysée dans ses effets vis-à-vis de certains héritiers, la loi exige qu'elle ait

été faite pendant le mariage. Nous déciderons par a
contrario que le droit commun reste applicable, si la
reconnaissance est antérieure ou postérieure au mariage.
On ne saurait étendre une disposition aussi exceptionnelle.
Et d'ailleurs les motifs de la loi commandent cette décision.
Pour violer la foi d'un contrat, il faut qu'il y ait contrat,
or la reconnaissance ne peut pas violer un contrat qui
n'existe pas ou qui n'existe plus (1). La reconnaissance
faite après la mort du conjoint ou après le divorce produirait toutes ses conséquences, il en serait autrement d'une
reconnaissance faite postérieurement à la séparation de
biens et à la séparation de corps qui ne sont pas des causes
de dissolution du mariage. Mais nous pensons que l'*article 337* s'applique aussi bien à la reconnaissance judiciaire (2) qu'à la reconnaissance volontaire, les motifs
sont les mêmes dans les deux cas et le texte n'implique
aucune distinction. C'est ce qui a été décidé en 1861 par
la Cour de cassation. L'opinion contraire a néanmoins été
soutenue par de brillants défenseurs. M. Laurent invoque
les termes de la loi qui ne parle que de la reconnaissance
qui a été faite pendant le mariage, expression qui ne saurait s'appliquer qu'à la reconnaissance volontaire et qu'on
doit interpréter restrictivement. Nous croyons que c'est

(1) Douai, 29 janvier 1879, D. P. 80, 2, 219.
   Paris, 17 janvier 1872, D. P., 75, 2, 194.

(2) Paris, 9 mars 1860, D. 1860, 2, 148. — Cass, 1861, D. 1861, 1, 113.
   Demolombe, t. V, p. 441, n° 466. — Marcadé, t. 2, p. 60.
   Contra-Laurent, — Duranton, III, p. 255.

s'attacher trop au sens littoral d'un mot qui peut fort bien vouloir dire « la reconnaissance qui a eu lieu pendant le mariage ». Si le doute restait possible, les motifs de la loi ne nous donnent-ils pas le véritable sens que le législateur a entendu attacher à son expression ? Et en effet, peut-on dire qu'il n'y a pas violation de la foi du contrat dans l'hypothèse d'une reconnaissance judiciaire ? C'est ce qu'a essayé de soutenir M. Duranton qui explique la distinction en disant que la fraude n'est pas à craindre, ou qu'elle est moins à craindre, quand il y a jugement. La vérité est que la question de fraude est étrangère à la question qui nous occupe, c'est avant tout une distinction de date. Au reste, la fraude n'est pas davantage présumable dans un cas que dans l'autre. Comme le fait remarquer fort justement Marcadé, ce serait bouleverser l'économie générale de la loi, que de considérer comme plus favorable la reconnaissance judiciaire que le législateur n'a admise que comme mode subsidiaire de constatation, dans des cas exceptionnels et avec des réserves nombreuses. M. Duranton a voulu justifier la distinction par un argument juridique. Le jugement qui intervient par la question d'Etat est un jugement déclaratif qui rétroagit au jour où le droit a commencé, et dès lors, quoique intervenue pendant le mariage, la reconnaissance judiciaire serait censée prendre date antérieurement au mariage. Nous ne nions pas que le jugement soit déclaratif, mais la reconnaissance volontaire est-elle donc plus attributive que le jugement, et n'y a-t-il pas, dans les deux cas, la constatation d'un état préexistant, quoique non encore légalement établi ? Rien ne serait plus facile à la mère que d'éluder l'application de l'article 337, elle se garderait bien de reconnaître volontairement et se laisserait poursuivre par l'enfant auquel elle donnerait les moyens de triompher dans son action contre elle.

Le texte de l'article 337 ne s'applique qu'à la reconnaissance faite pendant le mariage d'un enfant naturel que l'époux, auteur de la reconnaissance, aurait eu d'un autre que de son conjoint. Dès lors, l'article 337 est inapplicable, si la reconnaissance avait déjà été faite par l'autre époux antérieurement au mariage, et il faudrait décider de même si le père, reconnaissant, pendant le mariage, l'enfant naturel faisait établir sa filiation vis-à-vis de l'épouse de son père naturel.

On s'est demandé si le conjoint ayant reconnu pendant le mariage ne pourrait pas échapper à l'application de *l'article 337* en faisant une seconde reconnaissance postérieurement au mariage. La réponse ne saurait être douteuse, une seconde reconnaissance n'ajoute rien à la première et ne doit être considérée que comme une confirmation. Il faudrait, pensons-nous, décider autrement, si la première reconnaissance était nulle, ce qui équivaudrait à son inexistence.

Quelques arrêts ont admis que la reconnaissance judiciaire postérieure au mariage devrait néanmoins tomber sous l'application de l'article 337 dans le cas où l'enfant invoquerait, à l'appui de sa demande, des moyens qui lui

auraient été fournis par la mère pendant le mariage. Ces
arrêts se basent sur cet argument que l'on ne peut pas
faire indirectement ce qu'il est défendu de faire directement. La Cour de Metz (1) a jugé ainsi dans une espèce où
l'enfant naturel produisait des lettres à lui écrites par sa
mère durant le mariage. Mais nous croyons qu'il n'y a pas
lieu de faire cette restriction ; peu importe la question de la
preuve, si la reconnaissance est postérieure au mariage.
Nous avons dit quels sont les arguments qui nous conduisent à adopter cette solution.

S'il est vrai que la reconnaissance antérieure et postérieure au mariage, volontaire ou judiciaire, est étrangère
à l'hypothèse prévue par l'article 337, il faut au moins
reconnaître que les enfants légitimes et le conjoint sont
loin d'être mis à l'abri de toute surprise. Il suffit de supposer une reconnaissance tenue secrète avant le mariage,
ou postérieure en date à la dissolution du mariage. Comment, dès lors, expliquer que le législateur se soit arrêté
à un système si insuffisant de protection ! *L'article 337*
conduit ainsi à de singulières anomalies et nous pensons
qu'il pourrait être abrogé sans grand inconvénient. La
paix du ménage sera-t-elle moins compromise, parce que le
conjoint apprend, au cours du mariage, l'existence d'une
reconnaissance antérieure au mariage, d'autant qu'il est
permis de conjecturer que, dans bien des cas, l'auteur
de la reconnaissance se gardera de faire connaître à son
futur conjoint une situation qui pourrait lui faire perdre

(1) Metz, 10 août 1864, D. 1864, 2, 225.

un parti avantageux; l'indélicatesse du procédé ne doit pas
nous empêcher d'en prévoir l'éventualité; beaucoup n'hé-
siteraient pas entre le manque de franchise et le célibat
forcé. Peut-être, en admettant le fondement de l'article 337,
y aurait-il un moyen de rendre la protection plus efficace.
On pourrait, au moment de la célébration du mariage,
provoquer une déclaration de la part des époux. S'ils décla-
raient ne pas avoir d'enfants naturels, le conjoint survivant
et les enfants qui naîtraient du mariage ne devraient pas
souffrir de la reconnaissance, quelle qu'en fût la date. Si,
au contraire, l'un des conjoints avait déclaré avoir un
enfant naturel, le droit commun reprendrait son empire,
le mariage ayant été contracté en pleine connaissance de
cause. Mais nous ne nous dissimulons pas les graves
objections que l'on pourrait faire à ce système de déclaration. Et d'abord, il serait injurieux pour les parties,
mais l'objection ne suffirait pas à elle seule pour le faire
repousser. Le législateur doit se préoccuper davantage
de l'intérêt général que des convenances personnelles.
Ce qui est plus grave, c'est que l'on risquerait ainsi de
diminuer le nombre des mariages et que l'éventualité d'une
déclaration pourrait détourner les parents naturels du
devoir de reconnaissance. Le sort de l'enfant naturel,
reconnu avant le mariage, dépendrait du plus ou moins de
franchise de l'auteur de la reconnaissance, qui pourrait à
son gré en paralyser les effets au moment de la célébration
du mariage par une fausse déclaration. Ces multiples considérations condamnent le système, et nous retombons

dans la disposition *de 337* qui consacre une règle protectrice à peu près illusoire. La question est bien difficile à résoudre et il serait préférable de s'en tenir à l'application du droit commun qui a le grand avantage de ne sacrifier personne, surtout depuis la loi de 1891 qui accorde dans tous les cas au conjoint survivant, un droit d'usufruit sur la succession de l'époux prédécédé.

Nous avons ainsi terminé l'étude de la quotité des droits de succession des enfants naturels. Nous devons rechercher, dans une deuxième section, en quelle qualité les enfants naturels peuvent y prétendre, ce qui nous conduit à préciser quelle est la nature de leurs droits, quel en est le mode d'exercice et quelles conséquences peuvent en résulter aux deux points de vue de l'obligation et de la contribution aux dettes.

SECTION II. — **De la nature des droits de succession des enfants naturels.**

Les droits des enfants naturels sont des droits de succession et non pas seulement des droits de créance. C'est un premier point qui n'est plus discuté aujourd'hui. L'examen des travaux préparatoires nous apprend que la question fut posée et que le projet fut modifié pour accorder aux enfants naturels de véritables droits de succession. Au surplus, la volonté du législateur résulte clairement de la

9

rédaction des textes de la matière. C'est d'abord l'article 711 qui nous dit, d'une façon générale, que la propriété se transmet par succession ; c'est ensuite l'article 723 qui dispose que les biens de la succession passent aux enfants naturels ; c'est enfin l'article 757 qui donne aux enfants naturels une fraction de la portion héréditaire à laquelle ils auraient pu prétendre, s'ils avaient été légitimes. L'article 758 est beaucoup plus explicite, quand il accorde aux enfants naturels la totalité des biens, lorsque leurs père et mère ne laissent aucun parent au degré successible ; or, il est bien certain que, même dans cette hypothèse, l'enfant naturel reste un successeur irrégulier, devenant, par l'effet de l'ouverture de la succession, propriétaire de tous les biens qu'elle comprend ; peut-on lui attribuer les biens à un autre titre, lorsque sa part se trouve réduite par l'effet de son concours avec des parents légitimes ! Donc l'enfant naturel vient comme propriétaire et la conséquence est qu'il pourra réclamer sa part en nature.

Ce premier point établi, il faut rechercher en quoi la qualité de successeur irrégulier diffère de celle d'héritier légitime. Propriétaire par l'effet de l'ouverture de la succession, l'enfant naturel l'est-il d'une façon aussi complète que l'enfant légitime, et les charges qui sont attachées à son titre sont-elles plus ou moins étendues ? En l'absence de textes, il faudrait assimiler les successeurs irréguliers aux héritiers légitimes. La propriété entraîne comme corollaire la faculté d'exercer tous les droits qui en découlent, et les limitations apportées à son étendue ne peuvent résulter que d'une disposition formelle. Cette disposition formelle existe et le point difficile est d'en préciser la portée. Les enfants naturels ne sont pas héritiers, dit l'article 756, et la rubrique du chapitre IV nous apprend qu'ils ne sont que des successeurs irréguliers. L'article 724 donne l'intérêt de la distinction en accordant aux héritiers légitimes la saisine de plein droit qu'il refuse aux successeurs irréguliers, en exigeant de ceux-ci qu'ils obtiennent préalablement l'envoi en possession : « Les héritiers légi- « times sont saisis de plein droit des biens, droits et actions « du défunt, sous l'obligation d'acquitter toutes les charges « de la succession ; les enfants naturels, le conjoint sur- « vivant et l'État doivent se faire envoyer en possession « par justice dans les formes qui seront déterminées ».

La notion de la saisine est fort difficile à déterminer, ses origines sont obscures et elle nous apparaît dans notre ancien droit avec une destination toute autre qu'aujourd'hui ; on peut, dès lors, se demander si le législateur de 1804 a entendu la conserver avec son ancien caractère.

Il est certain que la transmission de la propriété n'est pas un effet de la saisine, puisque les successeurs deviennent propriétaires par l'ouverture de la succession, qu'il n'y a pas, à cet égard, à distinguer entre les héritiers légitimes et les successeurs irréguliers auxquels pourtant l'article 724 refuse le bénéfice de la saisine.

C'était une règle dans notre ancien droit que « le mort saisit le vif et son héritier le plus proche à lui succéder ». La saisine héréditaire nous apparaît alors comme une investiture légale de la possession dont l'utilité avait été de priver les seigneurs de leur droit d'investiture qu'ils n'accordaient auparavant que moyennant le paiement d'un droit de relief pour les fiefs et d'un droit de saisine pour les héritages tenus en roture. La saisine légale investissait directement l'héritier qui se trouvait possesseur sans être obligé de demander la possession au seigneur.

On n'est pas d'accord sur l'origine de la saisine héréditaire. Certains auteurs rattachent la saisine héréditaire à l'ancienne maxime Romaine : « Possessio defuncti quasi juncta descendit in heredem ». Telle n'est pas la doctrine généralement admise, et l'on invoque cette autre maxime Romaine : « Possessio nisi naturaliter comprehensa ad nos « non pertinet ». D'après M. Accarias, les Romains n'ont jamais connu la saisine héréditaire et les *Heredes sui* eux-mêmes n'étaient pas possesseurs sans une appréhension des choses de la succession. D'autres auteurs assignent à la saisine une origine germanique, ce serait une institution qui aurait sa racine dans les traditions de copropriété familiale. Quoi qu'il en soit, la saisine héréditaire est ancienne, et la maxime : « Le mort saisit le vif », se trouve déjà relatée dans les Etablissements de saint Louis. Ce qu'il importe de retenir, c'est que la saisine héréditaire fut une investiture légale de la possession, destinée dans notre ancien droit à suppléer à la nécessité où l'on était de recourir à l'investiture du seigneur. Et maintenant avec quel caractère la saisine héréditaire a-t-elle été conservée dans notre législation ? L'article 724 ne nous donne aucune explication, et le législateur parle des héritiers « saisis » sans employer le mot de « saisine ».

Une opinion courante adoptée par la pratique est que la saisine héréditaire est aujourd'hui, comme dans notre ancien droit, l'investiture légale de la possession, que les successeurs irréguliers étant privés de la saisine seront, par cela même, privés des avantages de la possession civile dans l'intervalle qui sépare l'ouverture de la succession de l'envoi en possession. Admettons d'abord cette opinion sans la discuter, et voyons quelles en sont les conséquences pratiques. Etre privé de la possession, c'est ne pouvoir prétendre aux avantages inhérents à la possession qui, dans certaines conditions, conduit à la prescription acquisitive et donne droit aux actions possessoires, lorsqu'elle s'est prolongée pendant un an et un jour ; c'est être privé du bénéfice de l'article 549 qui attribue les fruits au possesseur de bonne foi. Les successeurs irréguliers ne pourront donc jouir d'aucun de ces avantages, si l'intervalle entre l'ouverture de la succession et l'envoi en possession est assez long pour interrompre la prescription et priver du bénéfice des actions possessoires. Le défunt n'avait plus que peu de temps pour que la prescription soit accomplie, le successeur irrégulier sera peut-être obligé de recommencer une possession nouvelle après son envoi en possession, le temps antérieurement parcouru devenant désormais inutile. Telles semblent être les rigoureuses conséquences de la doctrine généralement enseignée. Et pourtant les inconvénients du système sont moindres qu'ils ne le paraissent. L'enfant naturel vient-il en concours avec des parents légitimes, ceux-ci auront la saisine héréditaire, c'est à eux que l'enfant naturel demandera la délivrance. Dès lors, peu importe à l'enfant naturel qu'il tienne la possession des héritiers saisis ou directement du défunt ; dans les deux cas ses intérêts sont sauvegardés et la possession n'aura subi aucune interruption et lui sera transmise dans l'état où elle se trouve au moment de l'envoi en possession. L'enfant naturel vient-il au contraire à défaut de tout successible, personne ne peut alors réclamer le bénéfice de la saisine et les biens de la succession devraient donc se trouver pendant un certain temps sans possession, et les graves conséquences que nous énoncions plus haut devraient se produire, mais on se tire d'affaire en faisant rétroagir l'envoi en possession jusqu'au jour de l'ouverture de la succession.

La théorie d'après laquelle la saisine n'est pas autre chose que l'investiture légale de la possession nous apparaît ainsi comme à peu près dénuée d'inconvénients pratiques. Mais est-il vraiment exact de prétendre que tel est le sens de l'article 724 ? Sans doute, telle était bien la notion de la saisine dans notre ancien droit, mais le législateur a-t-il voulu maintenir à la saisine ses anciens effets ? Nous ne le croyons pas et pensons que la saisine a changé complètement de caractère, qu'elle n'a plus aujourd'hui qu'un effet purement négatif. Et en effet l'investiture de la possession ne résulte-t-elle pas suffisamment de la qualité de propriétaire? l'investiture légale de la possession a pu se comprendre jadis, alors que l'on avait peine à admettre que la possession fût une « res juris », susceptible d'être acquise autrement que par une appréhension ; elle se justifiait, dans notre ancien droit, par des considérations qui n'ont plus aujourd'hui aucune valeur. Nous n'avons plus besoin dans notre législation d'avoir recours à une fiction spéciale, et si l'on ne comprend pas la possession de fait sans une appréhension, la possession de droit au contraire est un des avantages qui découlent de la notion de propriété, avantage qui n'est détaché de la propriété que dans des cas exceptionnels et moyennant des conditions limitativement déterminées. En refusant la saisine aux successeurs irréguliers, nous pensons que le législateur n'a pas entendu toucher au fonds du droit, ni du droit de propriété, ni du droit de possession, qu'il a entendu seulement paralyser l'exercice de ces droits, pendant un certain temps, jusqu'à l'envoi en possession. Cette solution a le grand avantage d'être plus rationnelle que la précédente dont les conséquences semblent dépasser le but poursuivi par le législateur. Que les héritiers légitimes puissent, sans formalité aucune et par le simple effet de l'ouverture de la succession, poursuivre les droits héréditaires et être poursuivis par les créanciers de la succession, sauf le bénéfice de l'exception dilatoire, cela n'a rien que de très naturel, et c'est l'application du droit commun d'après lequel quiconque a un droit peut le mettre en œuvre et profiter de tous les avantages qui y sont inhérents. Il n'est nullement besoin d'une investiture légale pour faire bénéficier le propriétaire des effets attachés à son titre. Mais l'application du droit commun aux successeurs irréguliers aurait été pleine de dangers et telle est la raison pour laquelle l'article 724 leur refuse le droit d'agir jusqu'à l'envoi en possession. Le titre qu'ils invoquent est sujet à plus de contestations, leur qualité est moins apparente et est toujours entourée de plus ou moins d'incertitude, et voilà pourquoi le Code exige l'accomplissement préalable de certaines formalités protectrices des intérêts de la famille légitime. Il n'a pu être dans l'intention du législateur d'atteindre le droit lui-même, ce qui ne pourrait pas se justifier par les mêmes motifs. Il faudrait admettre que le législateur a voulu non seulement sauvegarder les intérêts de la famille légitime mais encore frapper les enfants naturels. Qu'on suppose un enfant naturel venant à défaut de tout successible, la succession se trouverait ainsi sans possesseur, notre droit ne répugne-t-il pas à l'idée d'une succession jacente ! Il est vrai que l'on fait rétroagir l'envoi en possession, ce qui atténue les inconvénients du système. D'après M. Demolombe, l'envoi en possession serait une saisine judiciaire qui produirait, au profit des successeurs irréguliers, tous les effets de la saisine légale ; les successeurs irréguliers seraient saisis conditionnellement, sous la condition suspensive de l'envoi en possession. Mais l'admission de cette retroactivité est fort contestable, le jugement qui prononce l'envoi en possession est un jugement attributif, non déclaratif ; l'article 724 ne dit pas que les successeurs irréguliers sont saisis conditionnellement, il leur refuse le bénéfice de la saisine. Ne vaut-il pas mieux décider que jusqu'à l'envoi en possession, les successeurs irréguliers seront sans qualité pour agir, ce qui semble plus conforme au texte qui ne semble pas autoriser à attribuer à l'envoi en possession un effet rétroactif. Le mot « saisis » est peu expressif par lui-même, l'ensemble de la rédaction de l'article 724 laisse plutôt à entendre qu'il s'agit de l'exercice des actions et des droits héréditaires.

En résumé, nous dirons que la différence résultant de la saisine est que les héritiers légitimes qui en ont le bénéfice peuvent agir dès l'ouverture de la succession, qu'ils peuvent aussi être poursuivis, sauf la faculté qu'ils ont d'opposer aux poursuivants le bénéfice d'une exception dilatoire ; que les successeurs irréguliers n'ont aucune qualité pour exercer leurs droits et qu'ils n'ont pas besoin d'avoir recours à l'exception dilatoire pour éviter les poursuites, tant qu'ils n'ont pas obtenu l'envoi en possession. Cette solution nous semble plus en harmonie avec l'esprit général de notre législation.

Une question se pose : Supposons un enfant naturel venant à défaut de tout successible ; aucun héritier n'est saisi et les créanciers peuvent néanmoins avoir grand intérêt à poursuivre, ne serait-ce que pour interrompre une prescription sur le point de s'accomplir, que faut-il décider dans cette hypothèse ? Nous pensons que les créanciers et personnes intéressées peuvent toujours agir et exercer des mesures conservatoires. La succession n'est pas sans titulaire, et il serait contraire à l'esprit de la loi de sacrifier les créanciers qui n'auraient aucun moyen de sauvegarder leurs droits. Ce qui est vrai, c'est que les successeurs irréguliers ne pourront pas être condamnés puisqu'ils n'ont pas qualité pour défendre aux actions qu'on leur intente.

D'après un grand nombre d'auteurs, l'article 789 consacrerait une autre différence entre les héritiers légitimes et les successeurs irréguliers, différence relative aux conséquences de la saisine. L'héritier légitime, saisi de plein droit, serait héritier sous condition résolutoire de la renonciation ; les successeurs irréguliers, au contraire, seraient héritiers sous la condition de l'envoi en possession qu'ils devraient obtenir dans un délai maximum de 30 ans. Telle n'est pas, croyons-nous, le sens de l'article 789, et nous pensons que les héritiers légitimes, de même que les successeurs irréguliers, deviennent étrangers à la succession, s'ils n'ont pas pris soin d'accepter dans un délai de 30 ans. Cette solution est consacrée par la jurisprudence qui invoque, à l'appui de sa thèse, des considérations d'ordre pratique. Il serait trop rigoureux, dit-on, de déclarer les héritiers légitimes acceptants par le simple fait de leur silence. Peut-être les héritiers sont-ils des collatéraux éloignés qui n'ont pas eu connaissance de l'ouverture de la succession, et il se peut que leur ignorance soit entretenue par des créanciers du défunt qui ne songent qu'à les avoir pour débiteurs personnels pour augmenter leur gage. Il reste à concilier cette opinion avec les termes énigmatiques de l'article 789 qui ont

exercé depuis longtemps la sagacité des interprètes et ont
donné naissance aux systèmes les plus variés. Il n'entre
pas dans notre intention d'aborder la controverse, ce qui
ne rentre pas dans le cadre de notre étude, il nous suffira
de justifier notre opinion, en adoptant l'argumentation
très judicieuse et très juridique de M. Bufnoir (1) qui la
justifie par les principes généraux de la prescription. La
prescription a pour effet de transformer en droit une
situation qui s'est prolongée en fait. L'héritier légitime a
la saisine de droit qui lui donne la faculté d'agir dès l'ouverture de la succession, et si, en fait, il n'a pas usé de la
faculté qui lui était accordée, cette situation de fait se
transformera en situation de droit, au bout de 30 ans, et
la faculté d'agir se trouvera prescrite. Ce raisonnement
peut aussi bien s'appliquer aux successeurs irréguliers
qu'aux héritiers légitimes, et nous pensons avec l'éminent
professeur qu'il n'y a pas, du chef de la prescription, de
différence à établir entre les héritiers légitimes saisis et
les successeurs irréguliers non saisis ; les uns et les autres,
après un silence de 30 ans, seront étrangers à la succession.

La nécessité de l'envoi en possession n'est prescrite que
s'il n'y a pas d'héritiers saisis ; dans *les autres* cas, les successeurs irréguliers agiront par voie de demande en délivrance aux héritiers saisis.

Nous n'avons que peu de choses à dire sur les formalités qui précèdent ou accompagnent l'envoi en possession,

(1) M. Bufnoir à son cours.

il nous faut seulement déterminer les grandes lignes de cette partie réglementaire du sujet.

C'est à la section des droits du conjoint survivant et de l'Etat que notre loi s'en explique et les formalités sont communes à tous les successeurs irréguliers, sauf pour la nécessité de donner caution, qui n'est pas imposée à l'Etat. L'article 773 dispose que les articles 769, 770, 771 *et* 772 sont communs aux enfants naturels appelés à défaut de parents. L'article 769 prescrit l'apposition des scellés et la confection d'un inventaire dans les formes prescrites pour l'acceptation des successions sous bénéfice d'inventaire; l'article 770 indique le Tribunal compétent pour connaître de la demande d'envoi en possession et décide que le Tribunal ne peut statuer sur la demande qu'après trois publications et affiches, et après avoir entendu le procureur de la République; l'article 771 impose l'emploi du mobilier, si les successeurs irréguliers n'aiment pas mieux donner caution suffisante pour en assurer la restitution, et décide que la caution sera déchargée après un délai de trois ans. Cette caution imposée par la loi est une caution légale qui devra satisfaire aux conditions prescrites par les articles 2018 et 2019 du Code civil. *L'article* 772 prononce la sanction en décidant que les successeurs irréguliers qui n'auraient pas rempli les formalités qui leur sont respectivement prescrites, pourront être condamnés aux dommages et intérêts envers les héritiers, s'il s'en présente.

Ce qui est intéressant à retenir, c'est que ces formalités ne sont exigées que si les enfants naturels sont appelés à défaut de parents. Si des héritiers légitimes concourent avec eux, les enfants naturels leur demanderont la délivrance qu'ils obtiendront, soit à l'amiable, soit en justice, s'il y a contestation.

Le légataire universel qui trouve devant lui un enfant naturel, ne peut invoquer le bénéfice de la saisine que la loi ne lui accorde que lorsqu'au décès du testateur il n'y aura pas d'héritiers auxquels une quotité de ses biens est réservée par la loi. Ce point est contesté. L'enfant naturel, dit-on, est réservataire, mais il n'est pas héritier ; mais nous ne croyons pas devoir attacher aux termes de *l'article 1006* un sans restrictif. Ce qu'a voulu la loi, c'est protéger les intérêts des réservataires, quels qu'ils soient, et peu importe que ces réservataires soient saisis comme les héritiers légitimes ou non saisis comme les enfants naturels. Ce qui semble corroborer cette opinion, c'est l'article 773 qui exige la formalité de l'envoi en possession, lorsque les enfants naturels sont appelés à défaut de parents. Si l'enfant naturel se trouve en face d'un légataire universel et qu'aucun parent ne se présente à la succession, il résulte des termes de 773 que cet enfant naturel devra demander l'envoi en possession ; n'est-ce pas laisser entendre que le légataire universel n'est pas saisi, puisque ce n'est pas à lui que l'enfant naturel doit demander la délivrance ? Le système de la loi paraît être de n'exiger l'envoi en possession que lorsqu'aucun héritier ou successeur ne se trouve saisi des biens de la succession.

Le Tribunal, compétent pour la demande d'envoi en

possession est le Tribunal de première instance dans le ressort duquel la succession est ouverte. On s'est demandé quelle preuve doit être fournie par l'enfant naturel pour obtenir l'envoi en possession. Il résulte des termes de l'article 1315 du Code civil, que c'est à celui qui invoque un droit en justice à justifier de la légitimité de sa prétention, ce qu'on exprime brièvement par cette formule : « Onus probationis incumbit actori ». L'application rigoureuse de cette disposition conduirait à décider que l'enfant naturel doit fournir la preuve qu'il n'existe aucun parent au degré successible et le résultat serait de rendre impossible à l'enfant naturel toute demande d'envoi en possession ; la valeur de cette considération a autorisé la pratique à réduire la difficulté de la preuve qui sera suffisante si l'enfant naturel prouve qu'il n'y a pas d'héritiers connus, ou que ces derniers sont renonçants. Cette opinion est défendue par M. Laurent qui explique la dérogation à l'article 1315 en faisant remarquer que le législateur a prescrit des formalités de garantie pour assurer les droits des héritiers qui pourraient se présenter à l'avenir.

L'enfant naturel n'a pas la saisine, et nous croyons qu'il ne pourrait pas en invoquer le bénéfice dans le cas où il aurait été institué légataire universel dans l'hypothèse de l'article 758. Sans doute, le légataire universel a la saisine, lorsqu'il ne vient pas en concours avec des héritiers réservataires ; à plus forte raison quand aucun parent légitime ne se présente à la succession. Mais il y aurait de graves inconvénients à dispenser l'enfant naturel venant comme légataire universel de la formalité de l'envoi en possession. Quoique légataire universel, le successeur ne cesse pas d'être enfant naturel et l'article 724 est conçu dans les termes les plus impératifs et les plus généraux. Il ne faut pas oublier que l'enfant naturel n'exclut aucun des parents légitimes et que l'article 908 défend de lui attribuer, par donation ou par testament, au-delà de ce qui lui est accordé au titre des successions. Il n'y a pas grand inconvénient à accorder la saisine au légataire universel étranger qui exclut tous les collatéraux, tandis que les intérêts de la famille légitime pourraient se trouver gravement compromis dans la personne des collatéraux éloignés qui peuvent n'apprendre le décès du de cujus que bien longtemps après l'ouverture de la succession et ne sont pas exclus par les enfants naturels.

Terminons sur l'envoi en possession et les formalités qui l'accompagnent par une observation complémentaire destinée à mettre en lumière la nature de la saisine : Le caractère des prescriptions de la loi prouve ce que nous disions au début, que le défaut de saisine n'a pour conséquences que de soumettre les successeurs irréguliers à des mesures protectrices de l'intérêt des membres de la famille légitime. Ne serait-ce pas dépasser le but que s'est proposé le législateur, que de prétendre que le droit lui-même est atteint ! Qu'importe à la famille légitime que le droit existe au profit des successeurs irréguliers, si l'exercice en est momentanément suspendu !

Supposons maintenant que les enfants naturels ont
demandé et obtenu l'envoi en possession ou la délivrance,
c'est alors qu'il faut déterminer quelle est la nature et
l'étendue de leurs droits et de leurs obligations. Ce sont,
avons-nous dit, des droits de propriété et non pas seulement des droits de créance. Envoyés en possession, ils
peuvent désormais exercer et faire valoir leurs droits :
ils prendront part au partage et pourront se prévaloir des
garanties accordées par la loi en cette matière, bénéficieront du rapport et des règles d'accroissement, seront auto-
risés à exiger, dans la composition de leur lot, l'application
des principes d'égalité qui dominent le partage, auront
droit à leur part en nature conformément aux termes de
*l'article 832* C. civ. ; ils pourront exercer le retrait successoral et, à l'inverse, les héritiers légitimes ne sauraient
songer à les écarter des opérations du partage en leur donnant une somme représentative de la valeur de leur part
héréditaire. Leur concours au partage est pour eux un
droit, si le père naturel n'a pas usé du moyen d'exhérédation qui lui est offert par l'article 764, moyen dont la
légalité exige, d'après l'opinion que nous avons admise
plus haut, le consentement de l'enfant naturel. Les enfants
naturels pourront exercer les actions héréditaires, agir en
revendication contre les tiers détenteurs ; notons seulement
que la jurisprudence, par des considérations d'ordre
exclusivement pratique, et contrairement à la vérité des
principes, décide que les aliénations à titre onéreux con-
senties par les héritiers apparents pourront être opposées,

par les acquéreurs de bonne foi, aux véritables héritiers agissant contre eux en revendication.

Mais une difficulté sérieuse se présente : sauf la quotité, devons-nous accorder aux enfants naturels tous les droits qui appartiennent aux membres de la famille légitime? L'enfant naturel n'est-il qu'un successeur aux biens, et faut-il lui refuser tous les droits qui paraissent attachés à la qualité de continuateur du défunt? Il y a certains droits dont le caractère est moral plutôt que pécuniaire, les enfants naturels peuvent-ils s'en prévaloir? Parmi ces droits, nous pouvons citer l'action d'indignité, l'action en révocation pour cause d'ingratitude, l'action accordée aux héritiers pour injure à la mémoire du défunt, que faut-il décider pour ces droits et d'autres droits présentant le même caractère? Celui de ces droits dont le caractère moral est le plus apparetn, est le droit de poursuivre l'injure faite à la mémoire du défunt et c'est en effet à propos de l'action d'injure que la question a été le plus vivement discutée. Il importe, pour se rendre un compte exact de l'état de la controverse, d'envisager la difficulté à deux époques différentes : avant la loi de 1881 et depuis la loi du 27 mai 1881 sur la liberté de la presse.

L'article 5 de la loi de 1819 décidait que la poursuite n'aurait lieu que sur la plainte de la partie lésée. La jurisprudence en avait conclu pendant longtemps que les héritiers n'avaient aucune qualité pour poursuivre l'injure faite à la mémoire du défunt, n'étant pas eux-mêmes les parties lésées. C'est ce qui fut décidé par deux arrêts de

cassation qui résument la jurisprudence de l'époque (1).
Mais la question continua à être discutée dans la doctrine,
et la pratique résista si bien que la Cour de cassation, par
un arrêt mémorable des chambres réunies, rendu en 1867,
condamna sa première interprétation et admit que les
héritiers pouvaient poursuivre, le mot personne étant
susceptible d'être pris dans un sens large, et la personne
du défunt survivant dans celle de ses héritiers (2). Arrivée à
ce point, la question devait s'élargir; que fallait-il entendre
par *les héritiers* et fallait-il parmi eux comprendre même
les successeurs irréguliers et notamment les enfants naturels? La Chambre criminelle de la Cour de cassation décida
en 1881 (3), que les enfants naturels avaient le droit de
poursuivre l'injure faite à la mémoire de leur auteur.

Depuis longtemps l'opinion publique s'était émue du
système de la jurisprudence, au nom de l'intérêt de l'histoire qui exige que chacun, après sa mort, relève du jugement de la postérité, et, deux mois après l'arrêt de 1881,
était votée la loi du 29 juillet 1881 sur la liberté de la
presse dont l'article 34 est ainsi conçu : « Les articles 29,
« 30 et 31 ne seront applicables aux diffamations et inju-
« res dirigées contre la mémoire des morts que dans les
« cas où les auteurs de ces diffamations ou injures auraient
« eu l'intention de porter atteinte à l'honneur ou à la

(1) Cass., 19 avril 1826, D. P. 1860, I, 202.
        8 nov. 1836, D. P. 1860, I, 202.
(2) Cass., 1. mai 1867, D. P. 67, I, 121.
(3) 27 mai 1881, D. P. 82, I, 391.

« considération des héritiers vivants. » Malheureusement,
ce texte est loin d'avoir coupé court à toutes les difficultés. Il a été soutenu que ce texte consacrait la suppression pure et simple du délit d'injure à la mémoire des
morts, que les héritiers ne pourraient agir que s'ils étaient
diffamés eux-mêmes, non pour venger la mémoire de leur
auteur. Dans cette interprétation, la question ne saurait
se poser pour les enfants naturels, puisque les héritiers
légitimes eux-mêmes n'auraient aucun droit. La disposition de l'article 34 n'aurait d'autre utilité que de condamner législativement le système admis par l'arrêt des
Chambres réunies. On invoque, à l'appui de cette opinion,
un passage du discours de M. Pelletan combattant la
théorie de jurisprudence et une circulaire du Garde des
sceaux du 9 novembre 1881. Dans une autre opinion, on
soutient que le délit d'injure à la mémoire des morts est
consacré par la nouvelle loi sous la seule condition que les
auteurs de l'injure aient eu l'intention de nuire en même
temps à la personne des héritiers vivants. Et alors la
question se pose de savoir quels sont ces héritiers vivants
dont le texte a voulu parler ; la disposition s'appli-
que-t-elle aussi aux enfants naturels ? Oui, d'après la jurisprudence, si la Cour de cassation reste fidèle à l'arrêt
de 1881 ; non, d'après un autre système que nous croyons
préférable et qui ne considère pas les enfants naturels
comme des continuateurs de la personne du défunt.

L'article 1047 du Code civil permet d'attaquer le testament dans un court délai pour injure grave faite à la

mémoire du défunt. Nous pensons que les enfants naturels ne pourraient pas se prévaloir d'une disposition qui ne s'explique que par l'idée de la continuation de la personne du défunt; mais nous croyons néanmoins que les enfants naturels pourraient profiter, en leur qualité de successeurs aux biens, de la nullité du testament dont l'effet est de faire retomber les biens légués dans la succession, et de grossir la masse partageable. Les enfants naturels étant des successeurs aux biens, nous admettrions pour la même raison que les enfants naturels peuvent prétendre aux droits déjà nés en la personne du défunt et qui en représentent pas une valeur purement morale. Il existe en effet certains objets dont la valeur n'est pas appréciable en argent, et les successeurs aux biens n'ont aucun droit sur eux : tels sont la correspondance du défunt, les albums de famille, portraits d'ancêtre, etc., etc. Il est d'usage, dans la pratique, de remettre ces différents objets à l'aîné. C'est là une vieille coutume (1) qui s'est maintenue malgré l'article 842 du Code civil. Il a même été jugé qu'en cas de désaccord des héritiers entre eux, lorsque le partage ne peut pas avoir lieu, c'est encore à l'aîné qu'il faut les attribuer (Paris, 24 nov. 1846). D'après M. Demolombe (succ. 111-701), les Tribunaux doivent, en cas de désaccord, désigner le dépositaire de ces souvenirs précieux qui rappellent les travaux et les bienfaits du défunt. S'il en est ainsi pour les héritiers légi-

(1) Bourjon, I, p. 887.

Lebrun, liv. IV, chap. I, nº 46.

times, il semble hors de doute que les enfants naturels ne sauraient en rien prétendre à des objets dont les parents légitimes se voient parfois privés au profit de l'un d'entre eux.

Cette pratique se conçoit trop bien pour qu'on ait besoin de la justifier. La vente aux enchères d'une Croix d'honneur, d'un parchemin, d'une toile conservant les traits d'un ancêtre présenterait le caractère d'une véritable profanation. Aux membres de la famille légitime de succéder à la gloire de la famille, de perpétuer les traditions des ancêtres ! On nous objectera peut-être que l'enfant naturel n'est pas moins intéressant que les enfants légitimes. C'est une affirmation qui peut avoir sa valeur, mais qui n'a pas réussi à convaincre le législateur de 1804. La question peut aussi se poser pour le règlement des funérailles du défunt. Le défunt n'a pas manifesté sa volonté et laisse deux enfants légitimes et un enfant naturel ; l'un des enfants légitimes désire que les funérailles soient civiles, l'autre veut qu'elles soient religieuses ; demanderons-nous à l'enfant naturel quelle est sa volonté à cet égard ? Ces conflits ne sont malheureusement que trop fréquents et ont donné naissance, dans la pratique, à de véritables scandales ; sous prétexte de respecter la volonté du défunt on se laisse souvent influencer en ces matières par ses préférences personnelles. Nous croyons que les enfants naturels n'ont pas à intervenir dans ces questions qui sont, avant tout, des questions de famille. Nous faisons une réserve pour le cas où l'enfant naturel viendrait à défaut de tout parent au degré successible.

Une autre question est particulièrement délicate, et peut-être faut-il lui donner une solution différente, bien qu'elle semble de même nature que la précédente : L'enfant naturel succède-t-il aux monuments funèbres, tombeaux de famille que le défunt avait fait construire comme titulaire d'une concession perpétuelle ? Il est impossible de ne pas ranger ces biens dans une catégorie à part, et les tombeaux, selon les termes de la jurisprudence, constituent des fondations pieuses qui échappent à l'empire des règles ordinaires du droit de propriété et pour lesquelles le législateur de tous les temps a consacré un droit exceptionnel. Ces concessions doivent être à l'abri de la spéculation et il a été maintes fois jugé que la concession est inaliénable, que le droit de sépulture, objet de concessions faites aux particuliers, est un droit attaché à la personne du concessionnaire, emportant seulement le droit de se faire inhumer dans le terrain concédé et de désigner ceux à côté desquels on veut reposer ; qu'un pareil droit est de sa nature inaliénable et présente un caractère de personnalité absolue (1). Un point est certain, c'est que le conjoint succède au tombeau de famille et son droit nous apparaît comme plus sacré que celui de tous les autres. Mais que faut-il décider pour les

(1) Lyon, 19 février 1836, D. P. 56, 2, 178. — 7 avril 1857, D. 57, 1, 311. — 7 juillet 1883, D. 85, 2, 34. — 1er avril 1882, D. 83, 3, 30. 9 mai 1883, D. 85, 2, 120.

enfants naturels ? Aucun texte n'est formel. D'une part, il est admis en jurisprudence, et un arrêt récent de 1893 l'a encore décidé, que le de cujus a pu valablement disposer de son tombeau au profit d'un de ses héritiers au détriment des autres, que ceux-ci seraient mal fondés à prétendre que la disposition excède la quotité disponible, car le tombeau est un lieu qui ne fait pas partie du patrimoine et ne saurait être ni vendu, ni partagé, ni licité ; que le défunt a pu désigner ceux à côté desquels il désire reposer et qu'il a pu désigner des amis étrangers à la famille. S'il en est ainsi, ce n'est pas au titre des successions que nous pouvons trouver le fondement d'une incapacité qui viendrait frapper l'enfant naturel ; celui-ci ne saurait succéder au jus sepulcri pour un tiers, pour la moitié, pour les trois quarts, selon les distinctions établies par l'article 757. Mais ne faut-il pas reconnaître une incapacité qui résulterait de ce que l'enfant naturel n'est pas le continuateur de la personne du défunt ? On pourrait le soutenir et les traditions nous apprennent qu'à Rome les droits du fondateur passaient aux continuateurs de sa personne. Mais consultons les textes spéciaux et recherchons quels éléments de solution ils fournissent. Le décret du 23 prairial an XII, dans son article 10, porte que lorsque l'étendue des lieux consacrés aux inhumations le permettra, il pourra y être fait des concessions de terrains aux personnes qui désireront y posséder une place distincte et séparée pour y fonder leur sépulture et celle de leurs enfants ou successeurs et y construire des caveaux, mounmetns et tombeaux. Bien que ce texte ne parle que des enfants ou successeurs, on admet que le titulaire de la concession, s'il ne peut pas se dépouiller de la concession elle-même peut néanmoins autoriser un de ses amis à se faire inhumer dans le terrain de la concession. La solution nous paraît douteuse, mais le texte parle d'enfants sans faire aucune distinction entre les enfants naturels et les enfants légitimes, et l'expression de « *successeurs* », qu'il emploie, nous semble encore plus significative. Les enfants naturels ne sont pas héritiers, mais ils sont successeurs. S'il en est ainsi, saurait-on blâmer le législateur de s'être départi de sa sévérité pour les enfants naturels et d'avoir permis à l'enfant naturel de reposer à côté de son père naturel ; le respect de la mort calme toutes les colères et fait taire toutes les rancunes. Le partage étant impossible, le droit appartiendra à tous les successeurs collectivement, et chacun pourra en user dans la mesure où il ne portera pas atteinte au droit des autres.

L'enfant naturel a droit aux fruits de sa part héréditaire, mais à quels fruits ? Aucun doute quant aux fruits perçus ou échus antérieurement à l'ouverture de la succession et qui viennent grossir la masse partageable ; il faut décider de même pour les fruits perçus depuis le jour où l'enfant naturel a formé sa demande en délivrance, car on ne saurait accorder moins de droits aux enfants naturels succédant à une quote-part d'universalité qu'aux légataires particuliers. Mais faut-il s'en tenir là et décider avec la jurisprudence que l'enfant naturel n'a aucun droit aux fruits perçus antérieurement, dans l'intervalle entre l'ouverture de la succession et la demande en délivrance ? L'opinion de la jurisprudence est très contestable : il est vrai que le légataire universel se trouvant en face d'héritiers réservataires n'a droit aux fruits du jour du décès que s'il forme sa demande en délivrance dans l'année du décès et que nous ne trouvons aucune disposition du même genre pour les enfants naturels ; il est encore vrai que la loi est plus rigoureuse pour les légataires particuliers qui n'ont droit aux fruits et intérêts de leur legs que du jour de la demande en délivrance, quel que soit l'intervalle écoulé et indépendamment de toute question de bonne ou de mauvaise foi, mais nous croyons qu'il n'y a pas lieu de tenir compte de ces considérations et qu'il faut suivre la vieille maxime : « fructus autem omnes hereditates augent, sive ante aditam hœreditatem, sive post accesserint ». Les universalités s'accroissent de tout ce qu'elles produisent et l'enfant naturel a droit à une quote-part de cette universalité. Cette règle ne pouvait pas s'appliquer au légataire particulier, et l'on comprend que le législateur en ait tempéré l'application pour les légataires universels. Les légataires sont dans une situation moins favorable que les héritiers et successeurs, puisqu'ils ne sont appelés à la succession que par une disposition formelle et qu'ils n'ont, par eux-mêmes, aucune vocation légale.

L'enfant naturel, au contraire, a des droits de succession *voluntate legis*, et, selon l'opinion la plus généralement admise, il a droit à une réserve.

Nous avons dit précédemment qu'il a droit au rapport et, d'une façon plus générale, aux règles qui dominent le partage, ne serait-il pas contraire à l'esprit de la loi de refuser aux enfants naturels les fruits perçus depuis l'ouverture de la succession? Trop souvent les enfants naturels sont éloignés du lieu de l'ouverture de la succession et ont été contraints, par la force même des choses, à mener pour ainsi dire la vie d'aventure, n'est-il pas à craindre que les héritiers légitimes se concertent pour cacher aux enfants naturels le décès du de cujus et grossir leur propre part héréditaire. Nous croyons qu'il y a là un péril fort grave, et la loi s'est montrée trop rigoureuse pour les enfants naturels pour qu'on ne doive pas au moins leur assurer intacte la part héréditaire qui doit leur revenir. En vain nous objecterait-on que, s'il y avait concert frauduleux entre les parents légitimes pour cacher l'ouverture de la succession, l'enfant naturel aurait le recours de l'article 1382, ce qui serait le plus souvent illusoire pour l'enfant naturel qui n'aurait aucun moyen de prouver l'existence de la fraude. Sans doute les héritiers légitimes pourront être surpris et avoir consommé les fruits, mais outre qu'ils doivent en prévoir l'éventualité, l'enfant naturel transigera le plus souvent à bon compte pour les parents légitimes, plutôt que de se prévaloir de sa qualité et de produire l'irrégularité de sa condition devant tous les degrés de juridiction.

Tels sont les droits de succession des enfants naturels, quant à leur nature et quant à leur étendue, nous devons rechercher, pour compléter nos explications, quelles obligations sont à la charge des enfants naturels. Nous savons déjà par ce qui précède que, jusqu'à l'envoi en possession, les successeurs irréguliers ne peuvent pas être poursuivis par les créanciers de la succession qui ne peuvent s'attaquer qu'aux héritiers saisis entre lesquels les dettes se divisent de plein droit. C'est à dater de l'envoi en possession ou de la délivrance qu'il faut se placer pour déterminer dans quelles limites les enfants naturels sont tenus des dettes et charges de la succession, tant au point de vue de l'obligation que de la contribution. En ce qui concerne la contribution, l'enfant naturel doit supporter les dettes en proportion de l'actif qu'il prend dans la succession et il en est de même au point de vue de l'obligation, quant aux poursuites des créanciers, sauf bien entendu dans le cas où un immeuble hypothéqué se trouverait dans son lot et dans l'hypothèse d'une dette indivisible ; ce ne sont que des applications du droit commun des hypothèques et des obligations. Mais ce ne sont là que des exceptions, et les enfants naturels, d'une façon générale, sont tenus seulement en proportion de leur part héréditaire, sauf la question de savoir s'ils en sont tenus ultra vires ou seulement intra vires.

On est d'accord pour décider que les héritiers légitimes
sont tenus ultra vires ; les uns y voient une conséquence
de la saisine, l'article 724 donnant aux héritiers légitimes
la saisine de plein droit, sous l'obligation d'acquitter
« *toutes* » les charges de la succession ; d'autres y voient
la conséquence de la qualité de continuateur du défunt,
qui appartient aux héritiers légitimes. Que l'on adopte
l'une ou l'autre de ces explications, il faut décider,
croyons-nous, que les enfants naturels ne sont tenus
qu'intra vires (1). Les enfants naturels n'ont pas la saisine
et ils ne sont que des successeurs aux biens. A plus forte
raison devons-nous donner la même solution pour les
charges qui n'ont pris naissance qu'après le décès du de
cujus comme les legs.

Si les enfants naturels ne sont tenus qu'intra vires, il
il en faut conclure qu'ils ne sont pas obligés d'accepter
sous bénéfice d'inventaire. La loi exige bien, dans l'article
769, que les successeurs irréguliers, qui demandent
l'envoi en possession, fassent inventaire dans les formes
prescrites pour l'acceptation des successions sous bénéfice d'inventaire, mais nous avons dit précédemment
quelle était l'utilité de cet inventaire qui n'est exigé que pour
mieux assurer la restitution éventuelle de la part qui peut
leur revenir dans la succession aux héritiers légitimes qui
ne se feraient connaître qu'après l'époque de l'envoi en possession. Le défaut d'inventaire aura pour effet de confondre
les biens personnels des successeurs irréguliers avec les

(1) Colmet de Santerre, tome III, p. 25 et 26.

biens tenus de la succession, et le résultat sera de permettre aux créanciers de poursuivre les enfants naturels au delà de leur part héréditaire et même sur leurs biens personnels. Mais c'est là le résultat de la négligence des enfants naturels qui auraient dû éviter par un inventaire, la confusion des deux patrimoines, cela ne tient pas à leur qualité ; qu'ils fassent inventaire dans les formes prescrites par la loi et ils ne seront tenus qu'intra vires, sans avoir besoin de recourir à une forme spéciale d'acceptation, c'est précisément ce qui les distingue des héritiers légitimes qui ne peuvent éviter d'être poursuivis ultra vires que moyennant une double condition : un inventaire et une acceptation sous bénéfice d'inventaire.

Une dernière différence sépare les héritiers légitimes des enfants naturels, quant à l'étendue des obligations ; elle a trait aux droits de mutation. Le fisc est, par rapport aux autres créanciers, dans une situation spéciale et privilégiée, les droits de mutation sont dûs personnellement par les héritiers, non en leur qualité d'héritiers ou successeurs, la conséquence est que le bénéfice d'inventaire ne saurait soustraire les héritiers au paiement des droits de mutation ultra vires. Jusqu'ici, la règle est commune aux héritiers légitimes et aux successeurs irréguliers qui, vis-à-vis du fisc, sont tenus non seulement intra vires, mais encore ultra vires. Mais la loi du 22 frimaire au VII dispose, dans son article 32, que les cohéritiers sont solidaires, ce qui veut dire que les héritiers ne seront pas tenus seulement pour leur part et portion, mais qu'ils seront tenus solidairement, sauf recours entre eux, si l'un d'entre eux a payé au-delà de sa part. On est d'accord, dans la pratique, pour décider que cette solidarité ne s'applique pas aux successeurs irréguliers qui ne seront tenus des droits de mutation, de même que des autres dettes, que dans la proportion de leur part. Cette interprétation s'appuie sur les termes de l'article 32 de la loi de Frimaire an VII qui décide que « les cohéritiers seront solidaires ». Or, dit-on, c'est une disposition inapplicable aux enfants naturels qui ne sont pas héritiers; l'article 756 le dit formellement et, si les enfants naturels ne sont pas des héritiers, on ne saurait, sans arbitraire, leur appliquer la disposition de la loi de Frimaire qui ne les vise pas. On ajoute que les textes qui établissent des cas de solidarité sont des textes exceptionnels et qu'aux termes de l'article 1202 la solidarité ne se présume point. Cette opinion est soutenue par M. Demante dans son ouvrage d'enregistrement et cet auteur décide que les enfants naturels ne seront jamais tenus solidairement, même quand ils succèdent entre eux à la totalité des biens. Malgré la grande autorité qui s'attache au nom de M. Demante, nous avons quelque hésitation à admettre cette opinion favorable aux enfants naturels. Le mot « héritier », dans le langage du Code, n'est pas toujours employé dans le même sens, et, notamment, l'on admet que le rapport est dû aux enfants naturels, bien que l'article 757 n'accorde le bénéfice du rapport qu'entre cohéritiers. Il est bien

évident que nous sommes en dehors de l'article 1202 et
que ce n'est pas présumer une solidarité que de prétendre quelle a été créée par un texte. Nous avons vu quel
sens il convenait d'attacher aux termes de l'article 756,
qui, en refusant aux enfants naturels la qualité d'héritiers,
a entendu seulement leur refuser une partie des prérogatives attachées à ce titre. La solidarité de l'article 32 de la
loi de Frimaire ne se rattache pas à la saisine et pas
davantage à l'idée de continuation de la personne du défunt; on ne comprendrait pas autrement qu'elle ne s'applique pas aux autres dettes et, d'ailleurs, ces idées n'ont
rien à voir avec une dette qui prend seulement naissance
dans la personne des héritiers. La disposition de l'article 32
est une disposition arbitraire et il serait difficile de comprendre pourquoi le législateur aurait avantagé les enfants
naturels qui sont dans une situation moins favorable à
tous autres points de vue que les héritiers légitimes.

Une dernière question se pose au sujet de l'étendue des
droits des enfants naturels, elle concerne le droit de retour
légal de l'ascendant donateur ; les explications précédentes
nous fournissent les éléments de la solution. Aux termes
de l'article 747, les ascendants succèdent, à l'exclusion de
tous autres, aux choses par eux données à leurs enfants ou
descendants décédés sans postérité, lorsque les objets se
retrouvent en nature dans la succession. Faisons l'application de cette disposition au cas qui nous occupe : soit
Primus ascendant, qui, de son vivant, a donné à
Secundus, son fils légitime, un immeuble d'une valeur de

100.000 francs ; Secundus décède en ne laissant qu'un enfant naturel, et l'actif de sa succession se compose de 100.000 francs et de l'immeuble à lui donné qui représente une valeur de 100.000 francs. L'enfant naturel Tertius va-t-il empêcher l'ouverture du droit de retour ? peut-on dire que Secundus enfant donataire est mort sans laisser de postérité, dès lors qu'il laisse un enfant naturel ? L'intérêt pratique de la question est considérable : si nous admettons que la présence de l'enfant naturel écarte le droit de retour de l'ascendant donateur, il faudra raisonner de la manière suivante : l'actif de la succession se compose de 200.000 francs, et l'enfant naturel vient en concours avec l'ascendant donateur sur cette masse de 200,000 francs ; conformément aux proportions établies par l'article 757, l'enfant naturel a droit à la moitié de la part à laquelle il aurait eu droit comme enfant légitime ; enfant légitime, il aurait exclu l'ascendant ; enfant naturel, il ne pourra prétendre qu'à la moitié de la succession ou 100.000 francs, et l'ascendant prendra les autres 100.000 francs. Si, au contraire, le droit de retour est ouvert au profit de l'ascendant et malgré la présence de l'enfant naturel, il faudra séparer dans la succession de Secundus l'immeuble dont la valeur est de 100.000 francs et l'attribuer par préférence à l'ascendant Primus ; sur les 100.000 francs qui restent, l'enfant naturel viendra en concours avec l'ascendant donateur, et chacun d'eux partagera par moitié ; l'enfant naturel prendra 50.000 francs, l'ascendant 50.000 francs, ce qui ajouté aux 100.000 francs qu'il a déjà prélevés, fera pour lui une part de 150.000 francs sur les 200.000 francs d'actif et de succession.

Il est difficile de trancher la difficulté à la simple lecture du texte. Il semble même qu'il faudrait tout d'abord refuser tout droit de retour à l'ascendant donateur, le texte parle de postérité sans faire aucune distinction, et l'expression peut aussi bien s'entendre de la postérité naturelle que de la postérité légitime. D'autre part, il n'est pas douteux que la disposition de 747 est exceptionnelle et que, dans le doute, il faut plutôt l'interpréter restrictivement, conformément au droit commun de notre législation qui consacre le système d'unité de succession sans tenir compte pour la dévolution successorale ni de la nature des biens, ni de leur origine. Mais ces arguments ne sont pas concluants et, s'il est vrai que tel est le droit commun, il faut au moins reconnaître que l'article 747 apporte une dérogation empruntée aux traditions de notre ancien droit qui lui-même l'avait empruntée au droit Romain en la modifiant et en la renforçant. Si l'article 747 est insuffisant pour nous fixer sur la portée et l'étendue de la dérogation, c'est aux sources qu'il faut remonter pour en connaître l'esprit.

Tout d'abord les textes Romains nous donnent les motifs de ce droit de retour : « *Ne et filiæ amissæ et pecuniæ damnum sentiret* » ; le Code nous fait connaître une autre justification : « *Prospiciendum est enim ne hac* « *injecta formidine parentum circa liberos munificen-*

« *tium retardetur* ». Le droit de retour apparaît conforme à l'intention probable des parties. Ce droit de retour passa dans notre ancien droit qui l'étendit à tout ascendant donateur, les pays de droit écrit et de droit coutumier se divisèrent sur la nature juridique du droit de retour, ceux-ci y virent un véritable droit de succession, ceux-là une véritable révocation de la donation. C'est avec le caractère de droit de succession que le droit de retour passa dans notre législation et il importe de le constater, nous verrons que le droit de retour augmente la part contributoire de l'ascendant donateur dans les dettes de la succession et diminue d'autant la part contributoire de l'enfant naturel. Quoiqu'il en soit de la nature juridique du droit de retour, les motifs sont les mêmes et nous conduisent à décider que la présence d'un enfant naturel ne saurait être un obstacle à l'ouverture de la succession anomale au profit de l'ascendant donateur. Vis-à-vis de son aïeul, l'enfant naturel est un étranger et, si l'on présume que l'ascendant donateur a entendu reprendre dans la succession les biens par lui donnés dans le cas où l'enfant donataire ne laisse pour lui succéder que des héritiers légitimes autres que des descendants, ne doit-on pas par a fortiori décider de même, lorsque l'enfant donataire ne laisse que des enfants naturels qui ne sont reliés à leur aïeul par aucun lien de parenté juridique ? N'est-il pas contraire à l'esprit de la loi de considérer la condition de l'enfant naturel comme plus favorable que celle des héritiers légitimes ? Si l'ascendant donateur ne peut pas exercer son droit de retour vis-à-vis de ses petits-enfants, c'est que l'affection qu'il a pour ses enfants est censée se reporter sur la tête de ses petits-enfants ; la considération n'a plus de valeur, quand il s'agit d'enfants naturels. Vis-à-vis des enfants naturels, l'ascendant n'est plus un ascendant, et il est manifeste que l'article 747 ne refuse le droit de retour légal que lorsque les héritiers de l'enfant donataire sont avec l'aïeul dans des rapports de descendant à ascendant. Le donataire aurait pu, dit-on, faire sortir les biens donnés de son patrimoine et rendre ainsi impossible le droit de retour au profit de l'ascendant. Sans doute il aurait pu en être ainsi, mais l'enfant donataire ne l'a pas fait et, pour résoudre une difficulté, il ne faut pas rechercher ce qui eût été possible, mais ne tenir compte que de ce qui existe. Telle est l'opinion consacrée par la jurisprudence, nous la tenons pour certaine.

Un grand nombre d'auteurs admettent une opinion intermédiaire et décident que l'enfant naturel ayant vis-à-vis des ascendants la moitié de la part héréditaire qu'il aurait eue, s'il avait été légitime, il y a lieu de n'accorder à l'ascendant donateur son droit de retour que pour la moitié seulement. « Le droit de l'ascendant donateur, dit M. Demante, qui n'est autre qu'un droit de « succession légitime, ne s'exerce pas au préjudice des « libéralités faites par le donataire, ni surtout au préjudice de l'accomplissement de ses obligations. Or.... l'enfant naturel est une sorte de créancier. » Mais nous avons dit précédemment que les droits de l'enfant naturel n'ont aucunement le caractère d'une créance, mais que ce sont de véritables droits de succession.

M. Baudry-Lacantinerie combat cette opinion intermédiaire par le dilemme suivant : « Ou bien le mot postérité de l'article 747 comprend les enfants naturels, et alors leur présence fait obstacle au retour légal pour le tout, ou il ne les comprend pas, et alors leur présence ne saurait aucunement y faire obstacle. » L'argument ne nous paraît pas sans réplique, car il s'agit précisément de savoir si l'article 757 est applicable, et si le droit de retour légal peut ou non exister pour partie. La vérité est que l'article 757 n'est pas applicable. Si l'enfant naturel a des droits de succession, cela n'est vrai que pour les successions ordinaires ; l'article 747 est une disposition exceptionnelle, régie par des principes spéciaux, qui se justifie par des motifs qui excluent, même pour partie, le concours de l'enfant naturel.

En résumé, nous concluons que la présence d'un enfant naturel ne met pas obstacle au droit de retour de l'ascendant donateur. Mais de ce que ce droit de retour est un droit de succession, il faut décider que la part contributoire de l'ascendant, dans le passif de la succession, se trouvera augmentée en proportion de l'étendue de son droit de retour. Et, en reprenant le même exemple que plus haut, en supposant une succession de 200,000 francs dans laquelle figure l'immeuble donné d'une valeur de 100,000 francs, l'enfant naturel prendra 50,000 francs, l'ascendant 150,000 francs et la part contributoire dans les dettes sera du 1/4 pour l'enfant naturel, des 3/4 pour l'ascendant donateur. Cette solution est facile à justifier : l'article 747 ne parle, à vrai dire, que du droit de succession, mais c'est un principe que tout successeur d'une part d'universalité contribue aux dettes dans la proportion de l'actif qu'il y prend. Au surplus l'article 951 prévoyant le droit de retour de l'adoptant, le décide formellement et l'analogie ne permet pas d'adopter une opinion différente pour le retour de l'ascendant donateur. Cette contribution aux dettes peut tout d'abord surprendre, car cette succession anomale a lieu « in re singulari ». Mais M. Demante répond victorieusement à cette objection possible en faisant remarquer que « quoique portant spécialement sur des objets déterminés, « le droit de succession dont il s'agit ici n'a rien de commun avec un legs particulier. Les biens donnés forment « dans la succession une sorte de patrimoine distinct des « autres biens qui la composent. Sous ce rapport, ils constituent véritablement une part de l'universalité, comme « autrefois les propres comparativement aux meubles et « acquêts ». Ainsi la part d'actif dans la succession se trouvera réduite, mais l'enfant naturel verra diminuer d'autant sa part contributoire.

# CHAPITRE III



L'existence d'une réserve au profit des enfants naturels est aujourd'hui presque universellement admise et depuis longtemps la question n'est plus discutée en jurisprudence. Mais quelle est cette réserve, et sur quels biens la prélever ? Ce sont là deux points qui ne sont pas tranchés par les textes et on en est réduit à construire la théorie par des inductions et des rapprochements entre les droits des héritiers légitimes et les droits des enfants naturels dans la succession ab intestat. C'est là, nous le verrons, un des gros arguments contre l'existence d'une réserve au profit des enfants naturels. Se peut-il, a-t-on dit, que le législateur ait laissé à la doctrine et à la pratique le soin d'élaborer tout un système dans une matière aussi complexe que celle de la réserve héréditaire ! L'argument ne porte pas, si d'autre part nous trouvons dans la loi les éléments suffisants pour nous fixer sur l'intention du législateur, et l'on peut seulement regretter que le législateur n'ait pas cru devoir couper court par des dispositions formelles aux incertitudes que son silence a fait naître. C'est donc aujourd'hui controverse de doctrine, et ce n'est pas au moment où l'on parle d'étendre les droits des enfants naturels, que la jurisprudence reviendra sur une interprétation qui a pour elle l'appui de l'opinion. Si la réserve découle de *l'officium pietatis*, il est certain qu'aucune bonne raison ne permet de reconnaître aux père et mère naturels moins de devoirs vis-à-vis de leurs enfants naturels que vis-à-vis de leurs enfants légitimes. Quoiqu'il en soit, un des premiers commentateurs du Code civil (1) qui, moins éloigné que nous de la confection du Code, devait mieux en connaître l'esprit, a cru devoir combattre l'opinion qui attribue une réserve aux enfants naturels, et la thèse de cet auteur a été reprise par M. Laurent qui l'appuie sur des arguments dont la valeur est incontestable, sinon décisive. L'autorité qui s'attache au nom de ces deux auteurs nous fait un devoir d'étudier avec soin leurs objections contre le système consacré par la jurisprudence.

Quels sont ces textes desquels on fait sortir l'existence d'une réserve au profit des enfants naturels? Ce sont les articles 913, 757 et 761 du Code civil.

L'article 913 dispose que « les libéralités, soit par acte « entre vifs, soit par testament, ne pourront excéder la « moitié des biens du disposant, s'il ne laisse à son décès « qu'un enfant légitime ; le tiers, s'il laisse deux enfants ; « le quart, s'il en laisse trois ou en plus grand nombre. » La loi, on le remarquera, ne parle pas de la réserve, elle la sous-entend en décidant que le défunt n'a pu valablement disposer de la totalité de son patrimoine. Qu'est-ce à

(1) Chalot, *Successions*, tome II, pp. 44 et sts.

dire, si ce n'est qu'il y a une part de sa succession ab intestat à laquelle le défunt n'a pu toucher et que cette part est précisément la réserve héréditaire? En droit Romain, la légitime était *« pars legitima bonorum »*, et c'est avec cette nature qu'elle passa dans nos pays de droit écrit, mais, au contraire, dans les pays de coutumes, après de longues hésitations, les efforts tendirent à faire considérer la légitime comme une *« pars hereditatis »*. Dumoulin disait : « Nemo apud nos habet legitimam, nisi qui heres est » et l'opinion fut soutenue par Pothier, Lamoignon et beaucoup de nos anciens auteurs. A côté de cette légitime, notre ancien droit connut aussi la réserve des propres qui elle aussi était une pars hereditatis, mais était fondée sur une idée de copropriété de famille, non sur l'officium pietatis. C'est avec ce caractère de « pars hereditatis » que la réserve a passé dans notre Code civil : nous avons conservé un nom qui rappelle une institution abolie et le mot « légitime » serait plus exact, puisque notre réserve porte sur tous les biens, quelle que soit leur nature et leur origine, mais l'expression est vraie comme synonyme de part réservée de succession. Or, dit-on, si la réserve est une portion d'hérédité, il faut l'accorder aux enfants naturels auxquels l'article 757 attribue des droits dans la succession de leurs auteurs. On ajoute qu'une disposition du Code civil suppose nécessairement l'existence d'un droit de réserve et fournit un argument a fortiori en ce sens. Le législateur, dans l'article 761, permet, moyennant certaines conditions, d'écarter l'enfant naturel du partage, n'est-ce pas sous-entendre que l'enfant naturel a, dans la succession, des droits qu'il ne dépend pas de son père de lui enlever? Qui peut le plus peut le moins et à quoi bon prendre le soin de permettre au père naturel d'écarter son enfant de la succession en lui faisant un avantage de son vivant, si la loi, par ailleurs, lui permet de l'exclure indirectement par des dispositions entre vifs et testamentaires. Ce dernier argument n'a pas, croyons-nous, la valeur qu'on a voulu lui attacher et nous comprenons que les adversaires de la réserve des enfants naturels s'en soient emparé pour étayer leur système. L'article 761 se concevrait très bien dans une législation qui refuserait aux enfants naturels tout droit de réserve et l'hypothèse qu'il prévoit est tout à fait spéciale et répond à des besoins particuliers. Il n'y aurait pas contradiction entre la disposition de 761 et le pouvoir indéfini pour l'auteur naturel de disposer de ses biens. Supposons en effet que la disposition de 761 n'existe pas et que les enfants naturels n'aient pas non plus droit à une réserve et voyons quelle situation serait faite aux père et mère naturels. Les parents naturels pourraient priver leurs enfants naturels de leurs droits de succession en faisant sortir leurs biens de leur patrimoine par des libéralités entre vifs et testamentaires ; il leur faudrait donc de toute nécessité donner ou tester, et s'ils n'avaient usé d'aucun de ces deux moyens, l'enfant naturel se présenterait à la succession et réclamerait tous ses droits. Ce qui lui serait impossible, ce serait d'agir en réduction, mais il n'y a pas de réduction là où il n'y a pas eu libéralité. Or, il se peut que le de cujus n'ait pas voulu faire de donations ou de testaments, pour un motif ou pour l'autre ; nous n'avons pas à pénétrer ses secrètes volontés et à rechercher le but qui l'a fait s'abstenir. Il y a nombre de personnes qui n'aiment pas faire de testament, puis ce procédé de donations et de legs est toujours plus ou moins incertain. Le disposant voulant déshériter ses enfants naturels serait peut-être obligé de faire des donations ou des legs multiples, voulant faire bénéficier plusieurs personnes de l'exhérédation et il faut ajouter que les causes de nullité sont nombreuses dans ces actes solennels. Le but se trouverait manqué, si l'enfant naturel parvenait à faire tomber les dispositions qui ont été faites, car, s'il ne pouvait réduire les donations, il pourrait au moins en contester la validité. Au lieu de tout cela, le législateur propose aux parents naturels une combinaison plus simple et moins incertaine. Laissez, leur dit le législateur, les choses en l'état dans votre succession, il vous est désormais inutile pour écarter votre enfant naturel d'épuiser votre patrimoine, vous pourrez l'exclure moyennant une compensation dont je vais arrêter les termes. Vous lui attribuerez par acte entre vifs la moitié de la part à laquelle il pourrait prétendre dans votre succession et, sous cette réserve, je déroge pour vous à la prohibition des pactes sur succession future. Laissons donc de côté l'argument a fortiori tiré de l'article 761 pour nous en tenir aux articles 757 et 915 qui fournissent aux partisans de la réserve des enfants naturels des arguments bien autrement puissants. « L'article 761, dit M. Laurent,

« suppose que le père veut donner à l'enfant naturel une
« partie de sa succession et l'on en conclut qu'il doit la
« lui laisser. La conclusion est-elle logique ? »

L'article 915 ne parle que des enfants légitimes, mais la
réserve est une portion héréditaire, et l'article 757 donne
aux enfants naturels des droits dans l'hérédité, une fraction de la part qu'ils auraient eue, s'ils avaient été légitimes. Qu'importe, après cela, que la loi ne parle pas des
enfants naturels au titre de la portion disponible et de la
réduction, puisque leurs droits de succession résultent de
l'article 757. « L'article 757, dit M. Baudry-Lacantinerie,
« contient le principe même de réserve. En effet, il assi-
« mule à la quotité près le droit héréditaire de l'enfant
« naturel à celui de l'enfant légitime ; il considère l'enfant
« naturel comme une fraction d'enfant légitime. L'enfant
« naturel doit donc avoir une réserve ; autrement son droit
« héréditaire ne serait pas de la même nature que celui
« de l'enfant légitime. » Ainsi présenté, l'argument nous
paraît prêter à la critique. Le droit héréditaire de l'enfant
naturel n'est pas de la même nature que celui de l'enfant
légitime, et la loi le dit formellement, puisqu'elle refuse
aux enfants naturels le titre d'héritiers, et qu'elle ne les
considère que comme des successeurs irréguliers. Mais de
cette différence de nature résulte-t-il nécessairement que
la loi a entendu refuser toute réserve aux enfants naturels ? Nous avons précédemment essayé de démontrer quelles
sont les conséquences qui découlent du refus de la qualité
d'héritier. C'est ainsi notamment que la loi refuse aux

successeurs irréguliers le bénéfice de la saisine, ce qui
trouve sa justification dans des raisons d'une valeur incontestable ; c'est ainsi encore que les enfants naturels ne
sont pas les continuateurs de la personne du défunt. Le
droit de réserve a sa base dans des considérations qui ne
permettent guère de refuser la réserve aux enfants naturels. Mais ces données posées, l'argument tiré de l'article 757 est-il concluant ? Non, répondent les adversaires
du système de la jurisprudence. Le Code civil, disent-ils,
contient deux titres séparés pour régler ce qui est relatif
aux successions ab intestat et ce qui est relatif aux donations et testaments ; le premier est au titre des successions,
le second au titre des testaments. Il est bien vrai que l'article 757 accorde des droits de succession ab intestat, mais
l'article 913 n'accorde le droit de réduction qu'aux enfants
légitimes, et, dès lors, pourquoi étendre le bénéfice de cette
disposition aux enfants naturels ? « Ce qui prouve, dit
M. Laurent, que les interprètes font la loi, c'est que chaque auteur a son système ». Nous ne sommes guère tou-
chés par ce dernier argument, car il se ramène à dire que
lorsqu'on ne s'entend pas sur la nature et l'étendue d'un
droit, il faut en nier l'existence. Les questions juri-
diques sont singulièrement complexes, et ce n'est pas le
seul exemple dans lequel on s'accorde pour reconnaître
un principe, sans pouvoir s'entendre sur les conséquences.
On fait encore remarquer que l'article 757 accorde aux
enfants naturels des droits qui ne sont pas supérieurs à
ceux des frères et sœurs et que ce serait fausser l'économie

de la loi que d'accorder aux enfants naturels un droit de
réserve que l'on refuse aux frères et sœurs. Il nous suffira
de répondre que dans la succession ab intestat la loi fait
passer les frères et sœurs avant les ascendants autres que
les père et mère et que néanmoins elle accorde aux ascendants, sans distinction, un droit de réserve qu'elle dénie
aux frères et sœurs.

Mais il faut conclure sur cette controverse et nous
sommes forcés de reconnaître que les arguments de
texte produits à l'appui de l'une et de l'autre opinion
ont une valeur réelle. Le mieux serait peut-être de
rechercher l'intention probable du législateur sans trop
s'attacher aux textes dont la rédaction, et ici tout le monde
est d'accord, est absolument insuffisante ! Or, nous croyons
que le législateur a voulu accorder aux enfants naturels le
bénéfice de la réserve ; sa volonté n'a pas été de sacrifier
les enfants naturels, mais de réduire seulement leurs
droits. La considération du mariage, qui a inspiré la loi,
aurait pu conduire à exclure les enfants naturels, mais
telle n'est pas la solution à laquelle on s'est définitivement
arrêté. Dès lors, est-il possible que le législateur ait cru
devoir retirer d'une main aux enfants naturels ce qu'il leur
accordait de l'autre, sans autre contrôle que la conscience
des parents naturels qui, sous l'empire de nouvelles
influences, vont peut-être anéantir, maintenant qu'ils sont
chefs de famille, les effets d'une reconnaissance qu'ils avaient
faite à un moment où, plus libres d'eux-mêmes, et plus
maîtres de leur volonté, ils avaient simplement cédé au

sentiment de leur devoir. Il faut protéger la famille légitime contre les enfants naturels; et, de ce côté, nous ne pensons pas que le législateur soit resté au-dessous de sa mission, mais il convient aussi de protéger les enfants naturels contre l'animosité de la famille légitime. Il y a un cas où le résultat serait tout particulièrement choquant, c'est celui où le de cujus aurait disposé de ses biens au profit d'un étranger et l'enfant naturel se trouverait ainsi dépouillé sans qu'on puisse donner, comme justification, l'intérêt des parents légitimes. Le vœu de la loi semble avoir été de mettre les père et mère naturels dans l'impossibilité de donner trop ou de ne rien donner à leur enfants naturels. Le droit Romain accordait aux enfants naturels le bénéfice de la querela inofficiosi testamenti; il ne fut pas question de réserve, dans notre ancien droit, au profit des enfants naturels qui n'étaient jamais admis à la succession de leurs parents, mais les lois de l'époque révolutionnaire assimilèrent les enfants naturels aux enfants légitimes. Le législateur de 1804 n'a fait que tempérer les décisions trop absolues de la période intermédiaire, mais il n'a pas voulu refuser tout droit de réserve. Quand il s'est agi d'enlever aux enfants naturels la totalité d'un droit, le Code s'en est formellement expliqué, et c'est ainsi que l'article 756 décide que les enfants naturels n'auront aucun droit sur les biens des parents de leur père et mère, mais le système général est dans la réduction, non dans l'exclusion.

Le principe de la réserve admis, et, jusqu'ici, nous sommes d'accord avec la jurisprudence, nous devons pour-

suivre l'étude de cette réserve et rechercher quelle en est
la quotité et qui devra la supporter. Nous nous engageons
sur un terrain fertile en controverses, et Merlin déjà disait:
« Que décident sur ces questions ceux-là même qui ont pris
« la part la plus active à la rédaction du Code? Rien qui ne
« présente les contradictions les plus affligeantes pour la
« raison et les plus embarrassantes pour la justice. » Les
années ont passé et les interprètes sont encore bien loin
de s'entendre, mais la pratique a dû se fixer sur des questions que les Tribunaux ont été souvent appelés à trancher. Rappelons seulement pour mémoire une opinion qui
n'a plus guère de partisans et d'après laquelle le montant
de la réserve serait fixé par l'article 761. La réserve
serait, dans tous les cas, de la moitié de la part héréditaire
de l'enfant naturel. Nous avons d'avance réfuté ce système en essayant de démontrer que l'article 761 ne suppose pas nécessairement l'existence de la réserve ; il n'en
fixe pas davantage le montant.

Il a été également soutenu que le disposant ne pourrait
diminuer les droits de succession des enfants naturels tels
qu'ils résultent de l'article 757 (1). Cette seconde opinion
ne saurait pas davantage être admise, elle ne conduit à
rien moins qu'à accorder, dans certains cas, aux enfants
naturels une réserve plus forte qu'aux enfants légitimes,
ce qui est absolument contraire à l'esprit de la loi. Ce qui
est vrai, c'est que les articles 757 et suivants du Code civil
doivent nous servir à résoudre la question qui nous

(1) Paris, 20 avril 1853, D. 53, 2, 190.

occupe. Nous ne reproduirons pas ici toutes les controverses que nous avons étudiées sous l'article 757 et qui se présentent dans les mêmes termes pour le réglement de la réserve des enfants naturels.

La réserve, avons-nous dit, est une *pars hereditatis* et cette pars hereditatis sera du 1/3, de la 1/2, des 3/4 ou de la totalité de la réserve que les enfants naturels auraient eue comme enfants légitimes, de même que, dans la succession ab intestat, leurs droits seraient du tiers, de la moitié, des trois quarts ou de la totalité, selon le degré de parenté des héritiers légitimes avec lesquels ils sont appelés à concourir (1). Là où les enfants naturels n'ont pas de droits de succession, ils ne pourront pas davantage prétendre au bénéfice de la réserve, soit qu'ils renoncent au moment de l'ouverture de la succession, soit qu'ils aient déjà renoncé par application de l'article 761, soit enfin qu'ils soient exclus de la succession dans l'hypothèse prévue par l'article 337, et, dans les cas où le bénéfice de la réserve leur est accordé, ils devront, préalablement à l'exercice de leur droit, se faire envoyer en possession. Il nous est maintenant facile de passer aux applications du système et quatre hypothèses principales sont à prévoir :

L'enfant naturel est-il en concours avec des enfants légitimes : il aura le tiers de la réserve qu'il aurait eue comme enfant légitime. S'il vient à la succession avec un seul enfant légitime, sa réserve, qui aurait été du tiers, ne

(1) Cass. : 29 juin 1857, D. 59, 1, 26.; 15 nov. 1859, D. 59, 1, 443.

sera que du neuvième ; s'il rencontre deux enfants légitimes, sa réserve ne sera plus que du douzième et ainsi de suite.

L'enfant naturel vient-il en concours avec des ascendants, des frères ou sœurs ou descendants d'eux, selon l'opinion que nous avons admise précédemment : sa réserve sera de la moitié de celle qu'il aurait eue comme enfant légitime, c'est-à-dire du quart de la succession.

L'enfant naturel vient-il en concours avec des collatéraux ordinaires : sa réserve sera des 3/4 de celle qu'il aurait pu réclamer comme enfant légitime, c'est-à-dire des 3/8 de la succession.

L'enfant naturel vient-il à défaut de tout parent successible : sa réserve sera de la moitié de la succession, de même que s'il eût été légitime.

De même que pour le règlement de la succession ab intestat et malgré les termes dont s'est servi le législateur dans l'article 757, nous croyons qu'il faut ne tenir compte que des héritiers légitimes qui viennent effectivement à la succession. L'article 918 parle aussi des enfants que le défunt *laisse* à son décès, et la jurisprudence en conclut qu'entre enfants légitimes, la réserve se calcule sans tenir compte des renonciations. L'expression de l'article 913, comme celle de l'article 757, signifie, selon notre opinion, « enfants laissés à titre d'héritiers ». D'ailleurs, la jurisprudence se montre peu conséquente avec elle-même, puisqu'elle règle le montant de la réserve des ascendants, sans tenir compte des héritiers plus proches qui ont pu renoncer.

12

Cette contradiction est un argument qui corrobore notre opinion sur le sens des termes de l'article 757. Pourquoi ces décisions discordantes ? La jurisprudence recule devant les conséquences de son système, n'est-ce pas condamner le principe ?

Il nous faudrait, maintenant que nous connaissons le montant de la réserve, rechercher qui doit en supporter la charge ; c'est ce que nous ferons après avoir étudié une question dont nous avons renvoyé l'examen et qui trouve ici sa place. Supposons que le de cujus n'a laissé aucun héritier réservataire et qu'il a institué un tiers son légataire universel, les collatéraux exclus par le légataire universel devront-ils néanmoins être comptés pour le calcul de la réserve de l'enfant naturel ? ou faut-il, au contraire, les considérer comme n'ayant jamais été héritiers ? L'intérêt de la question est manifeste, et la réserve de l'enfant naturel sera, dans le premier cas, du quart de la succession, si les collatéraux sont des frères et sœurs ; elle sera, au contraire, de la moitié de la succession, si nous adoptons la seconde opinion. Beaucoup d'auteurs qui admettent que les héritiers renonçants ne doivent pas être comptés, adoptent, au contraire, une opinion différente pour l'hypothèse qui nous occupe. Les héritiers qui renoncent, disent-ils, n'ont plus le titre d'héritier, puisque la loi prend soin de les considérer rétroactivement comme n'ayant jamais été héritiers ; il n'en est pas de même de ceux qui, sans avoir renoncé, sont exclus de la succession par l'institution d'un légataire universel.

Les héritiers renonçants ne profitent pas de la nullité des legs qu'ils n'ont plus qualité pour poursuivre ; les héritiers exclus, au contraire, conservent le titre d'héritier qui leur permet d'attaquer la validité du testament, et ils viendront en ordre utile à la succession, s'ils parviennent à écarter le légataire universel. Nous ne nous dissimulons pas la différence qui existe entre les deux situations, mais est-ce là une raison déterminante ? Quelles sont les prérogatives qui restent attachées au titre d'héritier, et qu'est-ce que le droit d'attaquer le testament, si ce n'est le droit de prouver que l'on a toujours été héritier en le faisant annuler ? De deux choses, l'une : ou l'héritier va triompher et ses droits restent entiers, ou il succombe et que lui reste-t-il de son titre ? On oppose l'article 908 qui défend d'avantager l'enfant naturel au-delà de ce qui lui est accordé au titre des successions, mais M. Laurent réfute cet argument en faisant remarquer que l'incapacité de 908 n'est que relative et ne vise que le cas de conflit entre les parents légitimes et les enfants naturels. Or, ici, le conflit existe entre l'enfant naturel et le légataire universel que nous avons supposé un étranger. Qui va profiter de la réduction ? Ce n'est pas le frère qui est exclu valablement par le légataire universel ; ce ne peut être que le légataire étranger qui va profiter d'une disposition qui n'a pas été écrite pour lui. Il en serait autrement si l'article 908 consacrait une véritable règle d'indisponibilité, créait une réserve au profit des membres de la famille légitime. C'est alors qu'on pourrait parler de réduction et il ne dépendrait plus du disposant de priver les parents légitimes du bénéfice d'une réserve qui serait à l'abri des atteintes du disposant, comme l'est toute réserve. Les héritiers non renonçants pourraient ramener à sa limite légale la réserve de l'enfant naturel et en profiter dans la mesure de la réduction que leur présence lui fait subir. Est-ce bien là ce que veut l'article 908 ? C'est ce que nous examinerons en étudiant cette disposition. Une jurisprudence constante (1) calcule la réserve de l'enfant naturel, comme si le frère exclu venait réellement à la succession. Des décisions nombreuses ont été rendues en ce sens, et tous les arrêts font valoir que la disposition de l'article 757 repose sur la faveur due au mariage et est d'ordre public, que c'est seulement l'état de la famille au moment de l'ouverture de la succession que le législateur a eu en vue. Le siège de cette controverse est dans l'interprétation de l'article 908 et nous en ajournons l'examen.

De même que l'enfant naturel, ses enfants légitimes venant à sa place auront droit à la même réserve que leur père, par application de l'article 759.

L'enfant naturel venant en concours avec des héritiers

______

(1) Cass. : 13 janvier 1862, D. P. 62, 1, 142. — Paris, 6 août 1872, D. P. 74, 2, 95. — Demolombe, no 315, *Succ.* 15 mars 1847, D. P. 47, 1, 138. — Paris, 2 déc. 1872, D. P. 73, 2, 116. — Troplong, *Don. et Test.* no 775. 7 février 1865, D. P. 65, 1, 49. — Lyon, 23 mars 1855, D. 56, 2, 2. — Duranton, tome VI, no 322. En notre sens : Chalot, *Succ.*, tome II, pp. 113 et sts. — Laurent.

légitimes non réservataires commencera par se payer sur les biens qui se trouvent dans la succession, et cela par préférence aux autres héritiers ; si les biens sont insuffisants pour former sa réserve, il la complétera en agissant en réduction d'après les règles ordinaires de la réduction. Ce conflit entre l'enfant naturel qui a droit à une réserve et les collatéraux qui n'y ont pas droit, ne saurait être résolu autrement que celui qui se présente lorsque les ascendants viennent en concours avec des collatéraux, et la loi, dans cette dernière hypothèse, décide, dans l'article 915 2e al., que les ascendants auront seuls droit à cette réserve dans tous les cas où un partage, en concurrence avec des collatéraux, ne leur donnerait pas la quotité de biens à laquelle elle est fixée. Il était à peine besoin de le dire ; les libéralités ne peuvent être réduites que lorsque la quotité disponible a été dépassée et ce n'est pas le cas, lorsque le réservataire trouve dans la succession des biens suffisants pour lui fournir sa réserve.

Un dernier cas est à prévoir; c'est celui où l'enfant naturel vient en concours avec un ascendant donateur au profit duquel est ouvert le droit de retour légal. La nature du droit de retour soulève de grosses difficultés, dont l'étude nous entraînerait au-delà des limites que nous nous sommes tracées, bien qu'en droit toutes les questions s'enchaînent par quelque côté. Nous adoptons l'opinion généralement soutenue et d'après laquelle il faut voir dans l'exercice du droit de retour l'existence d'une succession distincte de la succession ordinaire ; nous en concluons que l'enfant naturel ne calculera sa réserve que sur les biens de la succession diminués de la valeur des biens donnés.

La réserve des enfants naturels étant telle que nous venons de l'établir, devons-nous décider qu'elle forme un minimum aussi irréductible que la réserve des parents légitimes et qu'il ne dépend des parents naturels de l'entamer en aucune façon ? C'est sans hésitation que nous répondons par l'affirmative. La jurisprudence, dans son interprétation de l'article 761, permet au père naturel de réduire la réserve à la moitié en usant de l'opération que cette disposition lui permet d'accomplir. Nous ne pouvons que répéter ce que nous avons déjà dit en recherchant la portée de l'attribution permise par l'article 761. Cette opinion de la jurisprudence est inacceptable, autant vaudrait refuser aux enfants naturels tout droit de réserve que de permettre aux parents naturel de réduire leurs droits héréditaires à une portion dérisoire. Non, les parents naturels ne peuvent pas cumuler le droit qui leur est accordé par l'article 761 avec le droit qui appartient à toute personne de réduire ses héritiers à la portion disponible. Que le père choisisse le procédé qui convient le mieux à la situation, chacun des deux moyens a ses avantages et ses inconvénients. L'erreur vient de ce que l'on s'appuie toujours sur l'article 761 pour établir la réserve des enfants naturels ; le même raisonnement conduit à le prendre pour une des bases du calcul. Les résultats auxquels on arrive sont tellement bizarres qu'ils condamnent le système. Que l'enfant naturel vienne en concours avec deux enfants légitimes, voici les chiffres auxquels on arrive : l'enfant naturel n'aura droit qu'à 1/24 de la succession, soit à 10.000 francs sur une masse totale de 240.000 francs.

Qu'on ne nous dise pas que l'enfant naturel est libre de ne pas consentir à la réduction de l'article 761 ! Cela n'est pas exact dans le système de la jurisprudence qui décide que l'attribution permise par l'article 761 vaut comme acte de la puissance paternelle, sans l'assentiment de l'enfant naturel. Admet-on que le consentement de l'enfant est nécessaire : nous ne pouvons encore adhérer au système de la jurisprudence. La réduction de l'article 761 a pour compensation un dédommagement qui doit être effectif. Il est malheureusement trop à craindre que l'enfant naturel, poussé par le besoin, accepte des conditions ruineuses et que sa volonté le plus souvent ne soit pas libre. L'arrangement pourra se faire à un âge où l'enfant naturel ne songe guère à l'éventualité d'une ouverture de succession et où il ne pense peut-être qu'à satisfaire ses goûts et ses plaisirs, sans avoir grand souci de l'avenir qui l'attend. Comment ! le législateur aurait levé la prohibition des actes sur succession future, sans entourer sa décision de plus de garanties ! A quoi bon avoir permis la reconnaissance, à quoi bon la considérer comme un droit pour l'enfant, s'il dépend du père d'en paralyser les effets ? Qu'on se prononce d'une façon formelle pour ou contre l'existence d'une réserve ; mais une fois que l'on a reconnu le principe, qu'on n'attribue pas au législateur la volonté d'avoir créé un système bâtard et de n'avoir accordé une réserve que pour le principe !

Faudra-t-il calculer la réserve de l'enfant naturel dans chaque ligne, lorsque l'enfant naturel se trouvera en concours avec des ascendants dans une ligne et des collatéraux ordinaires dans l'autre ? Nous répondons par l'affirmative, et c'est ce qui a été jugé par la Cour d'Amiens dans un arrêt du 23 mars 1854 ; cette jurisprudence ne s'est pas maintenue et nombre d'arrêts ont été rendus en sens contraire. Les arguments que nous avons présentés dans nos développements sur l'article 757 sont les mêmes pour le calcul de la réserve et nous ne croyons pas utile d'y revenir.

L'enfant naturel, nous venons de le démontrer, a une réserve moins forte que celle des enfants légitimes ; reste à nous demander à quelle personne devra profiter la réduction, aux autres parents légitimes dont la réserve va se trouver augmentée ou bien aux légataires, à la réserve légitime ou à la quotité disponible, ou enfin à l'une et à l'autre proportionnellement ? Il n'est pas possible de répondre d'un mot à cette question qui comporte des distinctions. Posons d'abord l'hypothèse : le de cujus laisse un enfant légitime, un enfant naturel et un légataire universel. Si l'enfant naturel était légitime, nous aurions deux enfants légitimes et la quotité disponible serait d'un tiers. Donc, sur une masse de 75,000 francs, chaque enfant légitime prendrait comme réserve 25,000 francs, et le légataire universel n'aurait droit qu'aux 25,000 francs qui restent. Mais l'enfant naturel n'a que le tiers de la réserve qu'il aurait eue, soit 8,333 francs. Que vont devenir les 16,666 francs retranchés ? Généralisant la question pour toutes les hypothèses de concours, à qui doit profiter la réduction subie par l'enfant naturel ? Nous disons que des distinctions sont nécessaires, bien que l'opinion contraire ait eu ses partisans, et, parmi eux, Troplong qui décide que, dans tous les cas, le montant de la réserve de l'enfant naturel réduit proportionnellement la réserve des parents légitimes et la quotité disponible ou, ce qui revient au même, que la part retranchée doit profiter proportionnellement à la réserve et à la quotité disponible. Nous arrivons alors dans l'hypothèse de concours que nous avons prévue aux proportions suivantes : Réserve de 8,333 francs pour les enfants naturels ; réserve de 33,333 francs pour l'enfant légitime ; quotité disponible de 33,333 francs pour le légataire universel. Le point de départ du système de Troplong est que la réserve de l'enfant naturel serait une charge de la succession qui, comme les autres dettes du défunt, diminuerait la masse générale du patrimoine, aussi bien par conséquent la quotité disponible que la réserve. Cette opinion nous semble inadmissible et nous combattons l'argument sur lequel elle repose. Il n'est pas exact de prétendre que la réserve de l'enfant naturel est une dette de succession, elle est au contraire un véritable droit de succession, quoique moins étendu que celui des enfants légitimes ; s'il en est ainsi, il faut, pour répartir la réserve de l'enfant

naturel, considérer celui-ci fictivement comme enfant
légitime et faire supporter la réserve à celui qui en aurait
souffert, si l'enfant naturel avait été légitime. En partant
de ce principe, nous allons voir que la réserve de l'enfant
naturel nuira tantôt à la réserve et à la quotité disponible
proportionnellement, tantôt à la réserve seule. Tout
d'abord, il est certain que la difficulté n'existe que pour le
cas où, à côté de l'enfant naturel, il y a des héritiers légitimes réservataires ; les parents non réservataires sont
exclus par l'institution d'un légataire universel, et la présence de l'enfant naturel est indifférente à leur sort. Il en
serait autrement si la loi avait décidé que les parents
légitimes, quel que soit leur degré, seraient réservataires
vis-à-vis de l'enfant naturel, et que la réduction leur profiterait dans tous les cas. Le problème ne se pose donc que
lorsque l'enfant naturel vient en concours, soit avec des
descendants légitimes, soit avec des ascendants.

Si le de cujus a laissé un ou deux enfants légitimes,
nous déciderons que la réserve de l'enfant naturel doit être
supportée proportionnellement par la réserve des enfants
légitimes et par la quotité disponible. Et, en effet, en présence d'un ou deux enfants légitimes, la quotité disponible
aurait été de la moitié ou du tiers de la succession ; la présence d'un autre enfant légitime aurait réduit la quotité
disponible au tiers ou au quart de la succession et la
réserve des autres enfants légitimes aurait été diminuée ; il
est juste qu'il en soit de même si l'enfant, au lieu d'être
légitime, n'est qu'un enfant naturel. Il se trouve que la

solution que nous avons donnée sur l'exemple que nous avons choisi plus haut est parfaitement exacte puisque nous avons supposé le concours d'un enfant légitime, d'un enfant naturel et d'un légataire universel. Mais il n'en sera plus de même si le de cujus a laissé trois enfants légitimes ou davantage, l'article 913 fixant la quotité disponible à un quart de la succession, dès lors que les enfants légitimes sont au nombre de trois ou en plus grand nombre. Le légataire universel n'aurait pas souffert du concours d'un quatrième enfant légitime, on ne comprendrait pas qu'il ait moins de droits vis-à-vis d'un enfant naturel que, vis-à-vis d'un enfant légitime dont la situation est éminemment plus favorable.

Si les héritiers réservataires sont des ascendants, le même raisonnement nous conduit aux mêmes distinctions. Il résulte de l'article 915 du Code civil que la quotité disponible est fixée aux 3/4 de la succession ou à la 1/2, selon qu'il y a des ascendants dans une seule ligne ou dans les deux lignes, d'où la quotité disponible ne peut être inférieure à la moitié de la succession. Dans le cas où il y a des ascendants dans les deux lignes, la réserve de l'enfant naturel doit être prise seulement sur la réserve des ascendants ; l'existence d'un enfant légitime aurait exclu les ascendants, la quotité disponible restant toujours fixée à la 1/2 de la succession ; la condition du légataire universel ne peut pas être plus mauvaise par l'effet du concours d'un enfant naturel. Il en est tout autrement lorsque le défunt ne laisse des ascendants que dans une seule ligne, et nous déciderons au contraire que la réserve de l'enfant naturel doit diminuer proportionnellement la réserve des ascendants et la quotité disponible. Le concours d'un enfant légitime aurait exclu les ascendants et aurait réduit la quotité disponible des 3/4 à la 1/2 de la succession ; il est juste que la réserve de l'enfant naturel produise les mêmes effets dans la mesure où elle existe.

Telles sont les distinctions que nous croyons nécessaires, et nous appliquerions les mêmes principes pour le cas où le légataire universel invoquerait la quotité disponible spéciale entre époux des articles 1094 et 1098 du Code civil, conséquence de cette même idée que la réserve d'un enfant naturel doit être répartie comme l'aurait été celle d'un enfant légitime.

L'enfant naturel acceptant peut-il annuler les libéralités qu'il a reçues du défunt avec sa réserve ? Nous posons seulement la question dont la solution demande l'étude préalable de la théorie de l'imputation.

Si l'enfant naturel n'a pas reçu de libéralités, l'institution d'un légataire universel aura pour effet, en principe, de le réduire à la réserve. Il a été jugé, néanmoins, que le testamentaire a pu vouloir laisser à l'enfant naturel toute sa part héréditaire, telle qu'elle est fixée par les articles 757 et suivants. C'est avant tout une question d'interprétation de volonté ; le légataire universel ne saurait se plaindre d'une restriction apportée à un bénéfice qu'il ne doit qu'à la générosité du de cujus. Cela est conforme à la nature du legs universel dont le caractère essentiel est de donner à l'institué une vocation au tout, mais une vocation simplement éventuelle.

Comme tout héritier réservataire, l'enfant naturel peut agir en réduction contre les libéralités qui entament sa réserve. Nous n'aurions rien à ajouter, si certains auteurs n'avaient fait une distinction, à cet égard, entre les libéralités entre vifs et les libéralités testamentaires, ces dernières pouvant seules, dans leur système, être l'objet d'une réduction. Le système se fonde principalement sur les termes de l'article 756 qui ne parle que des droits des enfants naturels sur les biens de leurs père et mère « *décédés* ». Or, dit-on, les biens qui ont été donnés sont déjà sortis du patrimoine et n'appartiennent plus au disposant à son décès. Nous repoussons cette distinction qui ne repose que sur un argument de texte dont la valeur est des plus contestables. La loi ne s'exprime pas d'une façon restrictive et nous ne croyons même pas que le législateur mérite le reproche de manquer de clarté. Avoir des droits sur les biens d'une personne décédée, c'est avoir des droits dans sa succession. Si maintenant nous recherchons l'intention du législateur, nous ne pouvons lui prêter la volonté d'avoir défendu aux père et mère naturels de dépouiller leurs enfants naturels par testament et de leur avoir permis de le faire par des libéralités entre vifs. La distinction serait injustifiable. En vain dit-on que c'est un moyen pour le donateur de révoquer sa donation par une reconnaissance ultérieure d'enfant naturel. Le donataire reste exposé : soit ! mais n'en est-il pas toujours ainsi, puisqu'on ne peut jamais savoir au moment de la donation quelle sera la quotité disponible? N'y a-t-il pas encore d'autres causes de révocation qui peuvent venir surprendre le donataire et que fait-on de la révocation pour cause de survenance d'enfant ? Le donataire est-il plus intéressant que le légataire, lui qui, au contraire, aura toujours bénéficié d'une jouissance temporaire ? Le donataire combat *pro lucro captando*, l'enfant naturel ne fait que réclamer l'acquittement d'un droit. Est-il besoin d'ajouter que les donations n'ont pas été vues avec beaucoup de faveur par le législateur et que l'irrévocabilité a bien été plutôt imaginée pour en restreindre le nombre, tandis que la réserve est une institution légale que le législateur a entourée des garanties les plus sérieuses ?

En résumé, nous pouvons grouper en quelques idées, fort simples dans leur énoncé, les solutions que nous avons admises sur la réserve des enfants naturels. L'enfant naturel a droit à une réserve inférieure à celle des enfants légitimes, et cette réserve est irréductible ; le montant doit en être réparti, suivant les cas, sur la quotité disponible seule, sur la réserve des parents légitimes seule ou, proportionnellement, sur la quotité disponible et sur la réserve ; l'enfant naturel agira en réduction, tant contre les libéralités entre vifs que contre les libéralités testamentaires.

En terminant sur cette question, nous ne pouvons que renouveler ce que nous disions au début : le laconisme des textes ne permet pas de refuser aux enfants naturels le bénéfice d'une réserve, si l'intention du législateur résulte de l'esprit général de la loi ; il est seulement regrettable que le législateur laisse planer sur une question de ce genre autant d'incertitude et qu'il s'en remette à la doctrine et à la jurisprudence du soin de faire l'œuvre qui lui appartient.

Plusieurs propositions de loi ont été déposées. L'une d'elles a pour auteur M. Naquet et assimile les enfants naturels aux enfants légitimes. C'est le retour à la loi du 12 brumaire an II et nous lisons dans l'exposé des motifs : « la loi de brumaire an II était humaine et s'il faut bien se « garder de l'imiter dans ses dispositions retroctives, du « moins y a-t-il lieu d'en reprendre les autres dispositions. » Cette proposition de loi dans son article premier énumère les articles qui sont abrogés et ne mentionne pas l'article 761, elle ne modifie pas davantage l'article 913 du Code civil dont la rédaction actuelle a permis à certains auteurs de nier le principe de la réserve. Il est manifeste que le projet reconnaît implicitement le bénéfice de la réserve aux enfants naturels et qu'il la leur accorde semblable à celle des enfants légitimes. M. Talou dans son rapport sommaire ne soulève même pas la question et ne parle de la réserve que pour la refuser aux père et mère naturels, la loi étant faite dans l'intérêt des enfants. Donc la question de l'existence d'une réserve au profit des enfants naturels n'est même pas discutée, mais pourquoi ne pas modifier l'article 913 qui ne parle que des enfants légitimes ? Si l'article 761 est maintenu, les parents

Dans la plupart des coutumes, les enfants naturels ne peuvent recevoir de leur père et mère que des libéralités à titre particulier, libéralités réductibles en cas d'excès « arbitrio judicis ». Il est intéressant de consulter le texte des coutumes sur ce sujet. L'article 476 de la coutume de Bretagne, après avoir refusé tout droit de succession aux enfants naturels, ajoute : « Pourra néanmoins le père donner à son bâtard quelque chose par un usufruit seulement pour son aliment, nourriture et entretenement (1) ». D'Argentré, dans son commentaire, après avoir jugé sévèrement la législation de Justinien et des autres empereurs comme trop favorable au concubinage et aux bâtards, nous dit que « les bâtards ne peuvent rien prendre à titre onéreux à cause de la préoccupation de fraude ; qu'il faudrait, pour les contrats à titre onéreux, qu'il y eût une preuve suffisante que le bâtard eût véritablement fourni les sommes reconnues, car la simple reconnaissance ne suffirait pas ; qu'on soupçonnerait même de fraude la vente qui serait faite au bâtard par celui auquel son père aurait vendu. » Voilà une incapacité doublée d'un système de présomptions de fraude ; l'une et l'autre idée ont été reprises avec des modifications par le Code civil.

Nous trouverions des dispositions analogues dans les articles 437 et 438 de la coutume de Normandie, et Jean-Baptiste Flaust, dans ses explications sur la coutume et la jurisprudence de Normandie, décide qu'une donation faite à une fille naturelle pour la marier, sera favorable-

(1) *Coutume de Bretagne*, tome III, pp. 319-323.

ment accueillie, dès qu'elle sera proportionnée à son état ;
qu'il en sera de même d'une donation au fils naturel pour
lui faire apprendre un métier, ou lui donner sa subsis-
tance. Ce qui est plus intéressant, c'est que cette incapacité, ainsi limitée, s'étendait aux libéralités que l'aïeul
aurait pu faire à son petit-enfant naturel. Le texte de l'article 437 de la coutume de Normandie n'en dit rien et
c'était la question controversée ; l'auteur (1) auquel nous
empruntons cette décision, l'appuie sur l'esprit de la coutume. Nous trouverions dans les autres coutumes des
dispositions analogues, et l'idée générale qui s'en dégage
est que les enfants naturels ne pouvaient recevoir que les
libéralités ayant un caractère alimentaire.

Les lois de la période révolutionnaire assimilent les
enfants naturels aux enfants légitimes.

Notre législation s'étant montrée fort rigoureuse pour
les enfants naturels, sans les exclure complètement de la
succession de leurs père et mère, des résistances étaient à
craindre, la pratique allait s'ingénier à tourner la loi. La
loi s'est montrée prudente en construisant tout un système
d'incapacité destiné à prévenir les tentatives de fraude.
Toute la législation des droits de succession des enfants
naturels tiendrait dans ces trois idées : Les enfants
naturels ont des droits de succession ab intestat ; un
minimum leur est accordé, et ce minimum est la réserve
héréditaire ; la part héréditaire forme un maximum qui

(1) Jean-Baptiste Flaust, *Explications de la coutume et de la
Jurisprudence de Normandie,* tome I, pp. 683-686.

ne peut être dépassé. De ces trois idées, nous avons étudié les deux premières et la troisième seule reste à développer.

Les enfants légitimes ont des droits de succession qui peuvent être augmentés par le défunt au moyen de libéralités prises sur la quotité disponible : le Code civil ne reproduit pas les dispositions de la loi de nivôse qui défendait d'attribuer aux enfants la quotité disponible, voulant respecter l'égalité entre héritiers et arriver plus vite au morcellement de la propriété. Mais l'incapacité subsiste pour les enfants naturels et ils ne peuvent rien recevoir au-delà de leur part héréditaire (908). Cette incapacité se traduit d'abord par l'obligation dans laquelle sont les enfants naturels d'imputer, sur ce qu'ils ont le droit de prétendre, toutes les libéralités reçues du défunt.

L'article 750 porte : « *L'enfant naturel ou ses descen-* « *dants sont tenus d'imputer sur ce qu'ils ont droit de* « *prétendre tout ce qu'ils ont reçu du père ou de la mère* « *dont la succession est ouverte et qui serait sujet à* « *rapport d'après les règles établies à la section II du* « *chapitre VI du présent titre* ».

Un point est certain, c'est que l'imputation est toujours exigée et que l'enfant naturel ne saurait s'y soustraire par la renonciation, ni en être dispensé par une clause de préciput. La loi présume, en ce qui concerne les héritiers légitimes, que les libéralités ne sont que des avancements d'hoirie, et c'est pour cette raison qu'elle les déclare rapportables ; la présomption tombe lorsque les dons et legs

ont été faits par préciput et hors part ou avec dispense de
rapport. Les libéralités faites aux enfants naturels sont
toujours des avancements d'hoirie, il ne s'agit plus d'une
simple présomption, mais d'une disposition vraiment
impérative. Les clauses de préciput eussent été particulièrement à craindre de la part d'un père naturel, qui, sans
enfants légitimes ou autres parents rapprochés, n'aurait
pas manqué d'avantager ses enfants naturels au détriment
des collatéraux éloignés, vis-à-vis desquels les liens d'affection sont le plus souvent affaiblis.

Mais, qu'est-ce au juste que cette imputation, et en
quoi diffère-t-elle du rapport ? Que faut-il entendre par
descendants, et quelle est la portée exacte du renvoi de
l'article 760 au titre du rapport ? Ce sont là autant de
questions controversées et qui, aujourd'hui encore, divisent
les interprètes.

Certains auteurs ont soutenu que l'imputation dont
parle l'article 760 est une opération qui ne ressemble
aucunement au rapport, et cette opinion puiserait sa force
dans les derniers mots de l'article 760, qui ne renvoie au
titre du rapport que pour l'indication des biens qui doivent être soumis à l'imputation, non pour étendre à l'imputation la nature et les effets du rapport.

Cette opinion a été défendue par Chabot, qui ne l'admet
qu'à regret en se fondant sur les termes de l'article 766.
L'imputation, dit cet auteur, se fait sur la part qui revient
dans la succession à celui qui a reçu ; le rapport se fait
à la masse de la succession. L'intérêt pratique de la con-

troverse est considérable et ne tend à rien moins qu'à ménager au père un nouveau moyen de réduire la part héréditaire de son enfant naturel par une donation dont celui-ci ne calculerait peut-être pas toutes les conséquences. Supposons une succession dont l'actif est de 24,000 francs, le défunt laisse comme successeur un enfant naturel qui a déjà reçu une libéralité de 1,000 francs et un enfant légitime. Si l'imputation dont parle la loi était un véritable rapport, voici comment il faudrait procéder : L'enfant naturel remettra dans la masse les 1,000 francs qui lui ont été donnés, ce qui fait une masse de 25,000 francs. Sur ces 25,000 francs, l'enfant naturel prendrait 12,500 francs, s'il était légitime, mais il n'a droit qu'au tiers, c'est-à-dire à 4,166 francs. Si, au contraire, nous calculons la part héréditaire de l'enfant naturel sans faire rapporter les 1,000 francs qui lui ont été donnés, nous avons une masse de 24,000 francs, et l'enfant naturel prendra le 1/6 de ces 24,000 francs, et comme il a déjà reçu 1,000 francs, il les déduira sur la part héréditaire ainsi calculée et ne pourra réclamer dans la succession que 3,000 francs, ce qui fait une différence en moins de 166 francs. On chercherait en vain l'explication d'un pareil résultat et l'auteur, qui soutient le système, ne cherche pas non plus à justifier la loi. « J'ajouterai même, « dit Chabot, que je ne vois pas pourquoi le législateur a « soumis l'enfant naturel à l'imputation plutôt qu'au rap- « port. Il y a injustice et incohérence en ce que, par ce « mode de restitution, l'enfant naturel se trouve avoir

« moins que ce qui lui a été expressément attribué par
« l'article 757 ». C'est précisément parce qu'il y aurait
injustice et incohérence que nous ne pouvons accepter le
système. Sur quelle base la thèse repose-t-elle ? Sur la
signification littérale d'un mot dont le sens s'éclaire à la
lumière des dispositions qui précèdent. L'article 757 donne
à l'enfant naturel le tiers de la part qu'il aurait eue, s'il
avait été légitime ; devons-nous croire que le législateur
déroge immédiatement à cette règle par l'article 760 ? Cela
est inadmissible, et l'article 760 n'est qu'un corollaire des
dispositions qui précèdent, il n'en est que la consécration.
Quand le législateur a voulu donner aux père et mère
naturels un moyen de réduire, il l'a fait dans une disposition formelle et ne s'est pas contenté d'un texte
équivoque.

Certains auteurs ont attaché aux termes de l'article 760
une autre signification. L'imputation serait un rapport au
moins prenant sur la base de la valeur du bien donné au
moment de la donation, et sans qu'il faille distinguer entre
les meubles et les immeubles. Le terme imputation exclu-
rait l'idée d'une réunion en nature à la masse à partager.
L'enfant naturel serait débiteur *ab initio* d'une somme
d'argent. Nous repoussons cette seconde interprétation
qui a l'inconvénient de donner, selon les cas, à l'enfant
naturel plus ou moins que ce qui lui est accordé par
l'article 757. Que si l'immeuble augmente de valeur dans
l'intervalle de la donation à l'ouverture de la succession,
et la plus-value peut être considérable, par exemple par

l'effet du percement d'un boulevard, l'enfant naturel béné-
ficiera de cette plus-value et ses droits seront supérieurs
à ceux qui lui sont accordés par la loi. Si nous supposons
au contraire une moins-value, l'enfant naturel aura moins
que ce qui lui est effectivement attribué par l'article 757.

Nous repoussons un troisième système qui consiste à
prétendre que l'imputation serait un rapport en moins-prenant calculé, quant aux immeubles, sur leur estimation au
jour de l'ouverture de la succession. Toutes ces opinions
reposent sur l'interprétation d'un mot, sans tenir aucun
compte de l'esprit général de la loi.

Mais alors en quoi diffère l'imputation du rapport proprement dit ? Notre réponse est simple, et sans chercher à
expliquer la disposition par le sens grammatical de ses
termes, nous préférons décider que l'imputation dont il est
parlé ne diffère en rien du rapport ; qu'elle se fera tantôt
en nature, tantôt en moins-prenant selon les distinctions
des articles 859, 860 et 868 du Code civil. Cette opinion
a été défendue par M. Demolombe et par M. Laurent, et
c'est la seule qui donne vraiment aux enfants naturels la
fraction de la part qu'ils auraient eue, s'ils avaient été
légitimes. Nous concluons donc, en nous reportant au titre
du rapport, que l'imputation du mobilier se fera toujours
en moins-prenant sur le pied de la valeur de ce mobilier
lors de la donation ; que l'imputation des immeubles se
fera, au contraire, tantôt en nature, tantôt en moins-prenant et que, dans ce dernier cas, il faudrait tenir compte
de la valeur de l'immeuble à l'époque de l'ouverture de la

succession. Nous appliquerons l'article 855 aux termes duquel l'immeuble qui a péri par cas fortuit et sans la faute du donataire n'est pas sujet à rapport.

Jusqu'ici nous n'avons donc relevé qu'une différence entre l'imputation et le rapport, c'est que l'imputation dont parle l'article 760 est une obligation dont ne peut être dispensé l'enfant naturel par une clause de préciput et dont il ne faut pas non plus s'affranchir par une renonciation, en peut que la libéralité excède le montant de la valeur de sa part héréditaire. L'article 760 n'est qu'un corollaire de l'article 908, qui ne défend que de recevoir par libéralité au-delà de ce qui est accordé au titre des successions. Si maintenant on nous objecte la rédaction de l'article 760, nous dirons que l'esprit de la loi doit l'emporter sur le sens littéral des termes qu'elle emploie ; l'article 760 suit les articles qui limitent les droits de succession des enfants naturels, et son objet a été de les sanctionner, en défendant aux père et mère naturels d'échapper aux restrictions qu'ils contiennent par des libéralités préciputaires. Quant à la nature du rapport et à ses effets, la loi renvoie au titre du rapport, et interpréter autrement l'article 760, c'est étendre arbitrairement sa portée et lui faire trancher une question qu'il n'a fait que poser et n'a pas voulu résoudre.

Il en est autrement en ce qui concerne les personnes qui doivent l'imputation et nous allons trouver, dans l'article 760, une disposition qui n'existe pas pour le rapport ordinaire. Que faut-il, en effet, entendre par ces mots de l'article 760, « l'enfant naturel ou ses descendants » ? Les descendants peuvent venir par représentation ou de leur chef, selon l'opinion que nous avons admise sur l'article 759, et malgré les termes restrictifs de cet article. Que les descendants venant par représentation doivent l'imputation des libéralités qui leur ont été faites, cela n'est pas douteux et c'est l'opinion généralement admise, même pour les parents légitimes. Pour devoir le rapport ou l'imputation, il faut réunir dans sa personne les deux qualités d'héritier et de donataire; or, les descendants venant par représentation sont bien des héritiers, puisqu'ils viennent en vertu d'une vocation personnelle; ils doivent donc rapporter les libéralités qu'ils ont reçues du défunt. Ces descendants doivent aussi le rapport des libéralités qui ont été faites à leur autre prédécédé, car ils viennent par représentatian et ne peuvent avoir plus de droits que le représenté lui-même. Peu importe d'ailleurs que les descendants viennent par représentation d'un enfant légitime ou d'un enfant naturel. Jusqu'ici nous ne rencontrons aucune différence entre les descendants légitimes d'un enfant naturel prédécédé et ceux d'un enfant légitime prédécédé. Il n'en est pas de même si les descendants légitimes viennent de leur chef. Si leur auteur était un enfant légitime, il faudrait sans hésitation décider que les descendants ne doivent le rapport que des libéralités qui leur ont été faites personnellement par le de cujus, car le droit qu'ils invoquent leur est exclusivement propre (848). Mais en est-il de même des descendants légitimes d'un enfant naturel? La question est controversée mais nous n'avons guère d'hésitation à la résoudre par la négative. Outre que les termes de l'article 760 sont très généraux, il serait singulier que le père naturel puisse par sa renonciation diminuer les droits de la famille légitime. Nous laissons provisoirement de côté l'argument tiré de l'article 911, c'est une question vivement débattue que celle de savoir si l'incapacité de l'article 908 s'étend aux descendants légitimes de l'enfant naturel, et la jurisprudence répond négativement. Pour nous, qui pensons au contraire que l'incapacité qui frappe l'enfant naturel atteint aussi ses descendants légitimes, nous en concluons que les descendants légitimes, quoique venant à la succession de leur chef, doivent imputer néanmoins les libéralités qui ont été faites à leur auteur. Ils ne peuvent recevoir plus que lui, ils sont incapables dans la mesure où il est lui-même incapable, et, conformément aux présomptions d'interposition de personnes établies par l'article 911, les libéralités faites à leur père naturel sont censées faites à eux-mêmes.

Nous venons de voir quelles sont les donations qui sont rapportables de la part des descendants légitimes d'un enfant naturel, et nous avons décidé que sont rapportables toutes les donations faites au fils naturel ou à ses descendants légitimes, que ceux-ci viennent par représentation ou qu'ils viennent de leur chef; c'est là une différence entre le rapport ordinaire et l'imputation exigée par l'article 760. Recherchons maintenant quelles sont les libéralités rapportables de la part de l'enfant naturel venant lui-même à la succession. Il est d'abord certain que l'enfant naturel ne devra l'imputation que des choses rapportables d'après les termes du droit commun, et l'article 760 in fine est formel en ce sens. Mais quelles sont ces libéralités rapportables? L'enfant naturel, cela va sans dire, doit le rapport des donations qui lui ont été faites, mais il doit encore le rapport des donations qui ont été faites à ses enfants et descendants et à son conjoint.

Ces libéralités, aux termes de 911, sont censées faites à l'enfant naturel lui-même. L'article 760 n'est qu'un corollaire de l'article 908 qui, lui-même, justifie et explique l'article 911.

Tel est le sens et la portée de l'article 760, qui se complète par l'article 908 dont il n'est qu'une application. L'article 908 prohibe seulement de recevoir au-delà de ce qui est accordé au titre des successions, non de recevoir des libéralités dont le montant ne dépasserait pas la valeur de la part héréditaire. Dans cette limite, l'enfant naturel pourra retenir les libéralités qui lui ont été faites, car il peut renoncer à la succession. Si les libéralités sont excessives, elles seront réductibles.

Sauf ces quelques différences entre l'imputation et le rapport, nous croyons que les règles du rapport sont applicables, et notamment la disposition qui n'exige le rapport qu'entre cohéritiers. Ni les légataires, ni les créanciers de la succession ne peuvent demander, ni profiter du rapport, et les légataires pourront seulement demander l'imputation pour le calcul de la quotité disponible. Nous pensons qu'en présence d'un légataire universel, l'enfant donataire pourrait garder sa donation, non seulement jusqu'à concurrence de la réserve, mais jusqu'à concurrence de sa part héréditaire. C'est une question que nous étudierons plus loin, que de savoir si les légataires universels peuvent se prévaloir de l'incapacité de 908.

Donc l'enfant naturel doit toujours le rapport et de même que les héritiers légitimes, il doit le rapport des dons, des legs et des dettes. A cet égard il est intéressant de le comparer aux autres successeurs irréguliers qui ne doivent pas le rapport. Cela va de soi pour l'Etat qui vient à défaut de tout successeur, et il faut décider de même pour le conjoint qui, depuis la loi de 1891, a un droit d'usufruit dans la succession de son conjoint prédécédé. Le conjoint gardera les libéralités reçues du défunt jusqu'à concurrence de la quotité disponible; les donations, à lui faites, ne seront pas rapportables, elles seront seulement réductibles (art. 767 modifié). De même, le rapport ne lui est pas dû en ce sens que ce n'est jamais qu'un rapport fictif pour calculer sa part d'usufruit, sans qu'il puisse invoquer aucun droit sur les biens sortis du patrimoine du défunt. L'article 760 n'est, avons-nous dit, qu'une conséquence de l'incapacité prononcée par l'article 908. Mais quelle est cette incapacité, et qui peut s'en prévaloir ?

L'article 908 est ainsi conçu : « Les enfants naturels ne pourront, par donation entre vifs ou par testament, rien recevoir au-delà de ce qui leur est accordé au titre des

successions ». Donc l'enfant naturel ne peut recevoir
davantage que ce qui lui est accordé par l'article 757.
Donataire ou légataire, il ne pourra retenir les libéralités
que jusqu'à concurrence de sa part héréditaire ; de là vient
l'obligation d'imputer que nous avons étudiée. Mais quand
pourra-t-on dire que les libéralités sont excessives, et de
quelles libéralités faudra-t-il tenir compte ? Il est tout
d'abord certain qu'il faudra prendre en considération les
libéralités qui ont été faites à l'enfant naturel directement, sinon l'article n'aurait aucune portée ; de même il
faudra comprendre les libéralités indirectes, déguisées ou
faites à des personnes interposées. Ce n'est là que l'application du droit commmun ; ce qui donne à un acte sa
nature, ce n'est pas tant la forme qu'il revêt que le droit
qu'il consacre. L'article 911, 1er al., le dit formellement
et la règle n'avait pas besoin d'être consacrée par un
texte formel. La preuve incombera à qui voudra établir
qu'il y a eu simulation, en vertu de cette règle de l'article 1315, que « qui produit une affirmation doit la justifier. » Cette obligation de la preuve s'explique on ne peut
mieux dans notre hypothèse, puisqu'il s'agit de prouver
un fait anormal. Cette preuve se fera par tous les moyens
possibles, par témoins et simples présomptions ; on ne
saurait exiger un écrit de la part de qui n'a pu se le procurer (1348-1353). Pour triompher dans ses prétentions,
le demandeur devra faire double preuve : la preuve du
déguisement ou de l'interposition et la preuve de l'incapacité du véritable bénéficiaire.

Il n'y a que peu de choses à dire sur les donations déguisées ou indirectes, on pourrait seulement soutenir que les tiers ont un moyen plus simple d'attaquer la donation déguisée en demandant la nullité de la libéralité pour inobservation des formalités prescrites pour la validité des donations. Le moyen serait plus simple et la donation tomberait tout entière, et non seulement dans la mesure de l'incapité de l'enfant naturel. Mais la jurisprudence admet la validité des donations déguisées ; il faut donc s'en tenir au moyen consacré par l'article 911.

L'hypothèse d'une interposition des personnes présente quelques difficultés. Une première question est la suivante : quand pourra-t-on dire qu'il y a interposition de personne ? Faut-il qu'il y ait entente entre le donateur et le bénéficiaire apparent et que celui-ci se soit engagé à la restitution ? L'intention du disposant est-elle suffisante ?

Un grand nombre d'auteurs et quelques arrêts décident que le simple choix du légataire supposant chez le disposant une intention frauduleuse peut conduire à l'annulation de la libéralité pour interposition de personnes. Les juges, dit-on, ont le plus large pouvoir d'appréciation et ne relèvent que de leur conscience. Ne voit-on pas que, s'il fallait prouver l'entente frauduleuse, la preuve serait le plus souvent impossible à faire, ce qui rendrait vaines les dispositions prévoyantes de la loi ! L'argument n'est pas sans valeur, mais ne voit-on pas quels inconvénients il y aurait à laisser aux tribunaux une si grande latitude ? un semblable système ne conduit à rien moins qu'à frap-

per d'incapacité des personnes étrangères à la prohibition
de l'article 908. C'est un ami que je veux instituer mon
légataire universel et cet ami connaît mon enfant naturel,
n'est-il pas à craindre que les tribunaux, sur un simple
soupçon, paralysent ma volonté de gratifier cet ami et de
récompenser ses services ? Nous nous refusons pour cette
raison à admettre ce système qui élargit le champ d'application de l'article 908. L'entente frauduleuse, croyons-
nous, doit être prouvée. La preuve de l'interposition sera
sans doute plus difficile, mais est-ce la raison suffisante
pour condamner notre opinion ? L'entente, le plus souvent,
résultera des circonstances dans lesquelles la libéralité a
été faite et la question n'a pas, après tout, l'importance
qu'on lui accorde. Nous rejetons seulement le système
qui tend à dispenser le demandeur de toute preuve positive en créant, à son profit, de véritables présomptions
qui ne sont pourtant pas consacrées par la loi. Si tel était
le pouvoir des juges, la loi aurait-elle pris la précaution
d'établir des présomptions légales, et si le choix du légataire était suffisant pour faire tomber la libéralité, n'est-il
pas à croire que le législateur s'en serait remis, dans tous
les cas, à l'appréciation des juges, le choix du fils ou du
conjoint d'un incapable paraissant toujours plus ou moins
suspect ! La jurisprudence n'est pas très bien fixée sur
cette question, mais la plupart des arrêts admettent notre
manière de voir. Il a été maintes fois jugé que le légataire qui remet la libéralité à l'enfant naturel, et ne fait en
cela qu'obéir à un devoir de conscience, n'est pas réputé

pour cela personne interposée, quand bien même le testateur aurait eu l'intention, en choisissant ce légataire, de
ne le considérer que comme un intermédiaire. Le légataire qui, de son propre mouvement, restitue l'objet de la
libéralité à l'enfant naturel, n'est pas une personne interposée ; l'enfant naturel ne tiendra la libéralité que de lui
et c'est à lui seul qu'il devra de la reconnaissance, puisque son père n'avait pas manifesté l'intention de l'en faire
profiter. Il n'est pas possible, dit-on, qu'il n'y ait pas un
engagement, ne serait-ce qu'un engagement d'honneur.
Soit ! mais encore faudrait-il le prouver et la preuve n'est
pas si impossible à faire qu'on veut bien le dire, puisqu'on peut y parvenir par la preuve testimoniale et par de
simples présomptions. Les tribunaux, jugeant en fait, ont
un moyen bien simple de mettre leur décision à l'abri de
la censure de la Cour de cassation (1). Un arrêt de la
Cour d'Amiens du 3 février 1893, admet une opinion différente de la nôtre, la jurisprudence est donc encore indécise. Nous ne pouvons nous dissimuler les dangers d'un
pareil système. On ne fait, en général, de libéralités qu'à
ses amis, et cette amitié suffira, le plus souvent, pour
faire considérer le bénéficiaire comme suspect.

Mais la loi a établi des présomptions d'interposition de
personnes, et seront censées personnes interposées, aux
termes de l'article 94, les père et mère, les enfants et
descendants et l'époux de la personne incapable. Donc, si
la libéralité a été faite par le père naturel à la mère de

(1) 15 février 1892, D. 1892, I, p. 364.

l'enfant naturel, à ses enfants et descendants ou à son conjoint, elle sera censée faite à l'enfant naturel lui-même. C'est là une présomption « *juris et de jure* » et qui ne pourra être combattue par aucune preuve contraire ; cette présomption rentre en effet dans la catégorie des présomptions définies par l'article 1352 du Code civil, « celles sur le fondement desquelles la loi annule certains actes ». La disposition est rigoureuse, il paraît excessif d'annuler un acte comme frauduleux, lorsqu'il est prouvé qu'il n'y a pas eu fraude.

Les enfants de l'incapable sont considérés comme personnes interposées et nous pensons qu'il n'y a pas lieu de faire de distinction entre les enfants naturels et les enfants légitimes, la fraude est à craindre dans tous les cas. De même, nous croyons que l'article 911 a entendu viser aussi bien les père et mère naturels que les père et mère légitimes (1). Les intéressés auront quelquefois à faire une preuve préalable, lorsqu'il y aura eu déguisement ou donation indirecte.

Les présomptions étant de droit étroit, il ne faut pas les étendre en dehors des termes de la loi. C'est ainsi qu'il a été jugé que la concubine de l'incapable n'est pas présumée personne interposée, il en serait de même de sa fiancée, et pourtant ici une distinction s'impose : si la donation a été faite par contrat de mariage, la donation ne prend naissance qu'au jour du mariage, comme le contrat lui-même, il serait donc vrai de dire que la donation a été faite au conjoint de l'incapable.

(1) Civ. 30 janv. 1883, D. P. 83, 1, 201.

Il est certain qu'il n'y a interposition de personne que lorsque l'incapable est encore vivant, d'où la donation ne pourrait être réduite pour interposition, alors que l'incapable était mort au moment de la donation ou est mort avant le décès du testateur. C'est à l'époque du décès que l'acte se réalise, il n'y a plus de crainte de restitution à une personne qui n'existe plus. Donc, si la donation est réduite, elle ne pourra l'être que pour incapacité personnelle du bénéficiaire désigné.

C'est dans l'article 908 qu'il faut rechercher l'étendue de l'article 911, ce qui nous conduit à rechercher quelles sont les personnes incapables aux termes de l'article 908. Aucun doute pour les enfants naturels du disposant, et la disposition a été écrite spécialement pour eux. Mais l'article 908 s'étend-il aux descendants de l'enfant naturel, en ce sens qu'ils ne pourraient rien recevoir de leur aïeul au-delà de ce que l'enfant naturel lui-même aurait pu recevoir. Aucun intérêt, si le père est encore vivant, les libéralités faites aux descendants de l'enfant naturel sont réductibles par application de l'article 911. Mais nous avons vu qu'il ne peut être question d'interposition de personnes lorsque l'incapable est mort, et alors les libéralités faites à ses descendants ne peuvent être attaquées que si ceux-ci sont personnellement incapables et, dans le système de l'affirmative, il faudra leur étendre toutes les dispositions que nous avons appliquées plus haut en ce qui concerne les enfants naturels eux-mêmes.

Un point nous paraît certain, bien que l'on puisse

trouver en sens contraire des documents anciens de jurisprudence : les petits-enfants naturels ne sont pas incapables vis-à-vis de leur aïeul. Ils ne sont reliés à lui par aucun lien de parenté légale et ne sont pas plus incapables que les simples étrangers. L'incapacité résulte du caractère de la filiation et, dans notre hypothèse, il n'y a aucune filiation, ni filiation légitime, ni filiation naturelle. En vain invoquerait-on les termes de l'article 756, qui dit que « les enfants naturels n'ont aucun droit sur les biens des parents de leurs père et mère. » Cette disposition est écrite au titre des successions, non aux titres des donations et testaments, et la disposition fait antithèse aux termes qui précèdent et donne des droits aux enfants naturels dans la succession de leurs père et mère.

Mais qu'en est-il des descendants légitimes de l'enfant naturel ? La jurisprudence se refuse à leur appliquer la disposition de 908 (1). Aux termes de l'article 759, ces descendants peuvent venir par représentation, et nous avons décidé, malgré les termes de l'article, qu'ils peuvent aussi venir de leur chef. Il n'est pas douteux, aux termes de cet article, que les descendants ne peuvent réclamer dans la succession ab intestat que les droits des enfants naturels eux-mêmes. Mais l'incapacité de l'article 908 leur est-

(1) Req. 28 mai 1878. D. P. 1878, I, 404.
  Civ. 16 fév. 1881, D. P. 1882, I, 203.
  Req. 21 juil. 1879, D. P. 1881, I, 348.
  Bastia, 23 juil. 1878, D. 79, 2, 107.

elle applicable ? Nous n'avons guère d'hésitation à répondre affirmativement à cette question. L'article 908, dit la jurisprudence, ne parle que des enfants naturels, non de leurs descendants ; c'est une disposition exceptionnelle qui doit s'interpréter restrictivement comme tous les textes qui prononcent une incapacité. Que pouvons-nous répondre à ces arguments qui n'ont pourtant pas réussi à convaincre des auteurs aussi considérables que M. Demolombe et MM. Aubry et Rau ? Nous invoquerons d'abord l'esprit de la loi, qui est de protéger la famille légitime contre les enfants naturels. La loi aurait pu se relâcher de sa rigueur pour les descendants légitimes de l'enfant naturel, elle ne l'a pas fait, puisqu'elle ne leur donne, dans la succession de l'aïeul, que les droits que leur auteur aurait pu réclamer lui-même. Qu'importe, dès lors, que l'article 908 ne parle que des enfants naturels, puisqu'il renvoie au titre des successions, et qu'à ce titre, il est dit expressément que les descendants de l'enfant naturel n'ont pas plus de droits que lui.

Mais ici se pose une difficulté : l'enfant naturel non reconnu n'est pas incapable, donc il peut recevoir toute la quotité disponible, et ni l'article 908, ni l'article 911 ne lui sont applicables. De même il faut décider que ses descendants ne sont pas plus incapables que lui. Mais supposons une libéralité faite avant la reconnaissance qui n'intervient qu'ultérieurement et demandons-nous quel sera le sort de cette libéralité ? La jurisprudence a varié sur cette question. Plusieurs arrêts ont décidé que la libéralité était valable, puisqu'elle a été faite à un moment où le bénéficiaire n'était pas encore incapable. Cette doctrine a été admise par un arrêt de la Chambre des requêtes du 28 mai 1878. La libéralité avait été faite au descendant légitime de l'enfant naturel et sur le rapport conforme du conseiller rapporteur dans lequel nous lisons ces mots : « La présomption de la loi n'est pas applicable « quand l'incapacité n'existait pas au moment où l'acte a « été passé. Nulle raison de recourir à un subterfuge » (1). Depuis cet arrêt, la jurisprudence semble s'être fixée en sens contraire et les décisions abondent. La Chambre civile, en 1883, a décidé que la présomption d'interposition de personnes frappe la mère naturelle de l'incapable et qu'il importe peu que cette reconnaissance n'ait eu lieu qu'après le décès du testateur. Cet arrêt cassait un arrêt de la Cour de Besançon qui n'admettait pas qu'il y eût interposition, la donataire et l'enfant naturel étant étrangers l'un à l'autre à l'époque de la libéralité. Cette théorie fut reprise par la Cour de Paris dans un arrêt du 9 février 1883, arrêt cassé par la Cour de cassation le 22 janvier 1884, et la Cour d'Orléans, statuant comme Cour de renvoi, se prononça dans le sens de la Cour de cassation (2).

(1) Req. 28 mai 1878, D. P. 78, 1. 401 (Note critique de M. Beudant, pp. 403 et 404).

(2) Civ. 30 janv. 1883, D. 83, 1, 201.
      22 janv. 1884, D. 84, 1, 117.
   Orléans, 5 fév. 1885, D. 86, 2, 166.
   Dijon, 18 D. 1891, D. 92, 2, 170.

Il est permis d'espérer que la question est tranchée en jurisprudence, maintenant qu'elle a l'appui de la Cour suprême. Nous ne pouvons, quant à nous, que nous rallier à la doctrine de la Cour de cassation.

Deux théories sont en présence pour déterminer la nature de la prohibition de l'article 908. Certains auteurs y voient une règle d'indisponibilité, et, dans ce système, aucune difficulté pour édifier le système qui ne tient pas compte de la date de la reconnaissance. Pour savoir si un bien est indisponible, c'est au décès de l'auteur naturel qu'il faut se reporter; peu importe, dès lors, la date de la reconnaissance. Pour nous qui voyons, dans l'article 908, une véritable incapacité, nous appuierons notre opinion sur la nature juridique de la reconnaissance. Il est indifférent que la reconnaissance soit postérieure à la libéralité, c'est un acte déclaratif, non un acte attributif, et, dès lors que la reconnaissance est intervenue, elle rétroagit, et avec elle toutes les incapacités qu'elle entraîne. Ne voit-on pas à quels fâcheux résultats on arriverait, s'il était permis à un père naturel, qui veut avantager son enfant naturel et néanmoins le reconnaître, de lui faire d'abord une libéralité et de ne le reconnaître que quelques jours après.

L'interprétation de l'article 908 a fait naître d'autres difficultés. Cette disposition renvoie au titre des successions; on peut, dès lors, se demander si cet article est applicable à l'hypothèse prévue par l'article 337, qui ne se trouve pas au titre des successions ? Il est à peu près universellement admis, en doctrine, que l'article 337, de même que l'article 757, trouve sa sanction dans l'article 908 et qu'il faut lire la disposition de l'article 908 en ce sens que l'enfant naturel ne peut rien recevoir par donation ou par testament au-delà de ce qui lui est accordé en qualité de successeur ab intestat. Une distinction serait injustifiable, et comment comprendre que le législateur, qui refuse à l'enfant naturel tout droit de succession dans l'hypothèse de l'article 337, lui donne une capacité plus grande d'acquérir des dons et des legs que dans l'hypothèse de l'article 757, où, cependant, la situation de l'enfant naturel est plus favorable, puisque l'enfant naturel n'est pas complètement exclu et a droit à une part héréditaire ? Cette doctrine, qui semble s'imposer, était aussi celle de la jurisprudence (1), avant un arrêt de la Chambre des requêtes du 28 mai 1878 (2). Ce dernier arrêt décide au contraire que l'article 337 n'est pas applicable aux donations et aux testaments, et que l'article 908 ne le vise en aucune façon. Cette nouvelle doctrine a été admirablement réfutée par M. Beudant, dans une note qui accompagne cet arrêt. D'après l'éminent professeur, il ne faut pas s'attacher, pour connaître le sens et la portée d'un article, à la place qu'il occupe dans le Code et à son numéro d'ordre. Comme le fait remarquer M. Beudant, l'article 337, dans un pareil système, devient lettre morte,

(1) Civ. 16, D. 1861, D. 62, 1, 39.

 Poitiers, 4 mai 1858, D. 59, 2, 122.

(2) Req. 28 mai 1878, D. 78, 1, 401 (Note de M. Beudant).

puisqu'il sera toujours possible au père naturel d'en éluder la disposition par des libéralités entre vifs ou testamentaires. Comme nous l'avons fait remarquer en étudiant l'article 337, cette disposition, dans sa rédaction actuelle, répond assez mal au but cherché par le législateur, la jurisprudence aboutit comme résultat à sa suppression (1).

A la théorie de l'article 908 se rattache une autre question que l'on a essayé de résoudre par application de cette disposition, elle concerne l'adoption des enfants naturels par leurs père et mère. Les controverses les plus ardentes se sont engagées sur ce point de droit auquel certains auteurs ont consacré les plus longs développements (2). La jurisprudence n'est pas restée en dehors de la lutte. La Cour de cassation, par un arrêt du 16 mars 1843, se prononça contre l'adoption des enfants naturels reconnus, alors qu'en 1841, sur les conclusions conformes du procureur général Dupin, elle en avait reconnu la légalité (3). De son côté, la Cour d'Angers, dans l'espace d'un mois, rendait deux arrêts en sens contraire (4). La jurisprudence est aujourd'hui fixée dans le sens de la légalité, et la question a été plus récemment jugée en ce sens par

(1) Aubry et Rau, tome VI, p. 184, note 9.
    Demolombe, *Paternité et filiation*, n° 475.

(2) Benech, *De l'illégalité de l'adoption des enfants naturels*.

(3) *Le Droit*, 20 mars 1843.

(4) Angers, 11 août 1839, 12 juillet 1844, *Le Droit*, 29-30 juillet 1844, Dijon, 30 mars 1844, Sir, 1844, 2, p. 274.

un arrêt de la Chambre des requêtes rendu en 1882 (1).

. Les deux systèmes ont été très habilement défendus et, des deux côtés, on invoque les travaux préparatoires. M. le Procureur général Dupin s'autorise de la discussion au Conseil d'Etat pour soutenir la validité de l'adoption, et M. Benech répond qu'effectivement il en était ainsi au 16 frimaire an X, mais que la discussion fut interrompue et reprise et que la rédaction des articles du projet ne laisse aucun doute sur l'illégalité de l'adoption des enfants naturels. Nous ne reprendrons pas cette longue discussion et resterons dans le cercle d'application de l'article 908. Aucun texte ne prohibe l'adoption des enfants naturels. Il est certain, M. Benech le reconnaît lui-même, qu'au 16 frimaire de l'an X la question était résolue en faveur des enfants naturels. Que la discussion du titre de l'adoption ait été reprise : nous n'en disconvenons pas, mais il ne résulte pas de cette discussion que la question ait été tranchée différemment. Il est bien vrai que les articles du projet exigeaient, pour que l'adoption fût possible, que l'adoptant ait rendu des services à l'enfant pendant sa minorité ou qu'il ait reçu d'importants services de l'individu majeur qu'il voulait adopter. M. Benech voit dans cette exigence la preuve de l'illégalité de l'adoption des enfants naturels. « Un père et un fils, dit-il, ne peuvent se rendre, dans le « sens du projet, le service exigé comme condition subs- « tantielle de l'adoption. Ce sont des devoirs, ce ne sont « pas des services. » La même expression ne se retrouve

(1) 13 juin 1882, D. 82, 1, 308 et 309.

plus dans le texte actuel, qui énonce les conditions de l'adoption, mais l'esprit reste, et M. Benech cite à l'appui de sa thèse, des fragments de l'exposé des motifs. « Il faut, dit-il, lire l'article 345 comme s'il avait conservé sa rédaction originaire. » Ces arguments ne sont pas irréfutables et nous ne croyons pas devoir attacher au mot « services » le sens rigoureux que M. Benech veut lui donner. Ce que la loi a voulu, c'est que l'adoptant ait témoigné, avant l'adoption, une affection réelle à celui qu'il veut adopter ; les liens qui vont désormais relier l'adopté à l'adoptant ne doivent pas naître spontanément ; ils ne sont que la consécration d'une volonté qui doit s'être manifestée par des actes antérieurs. L'article 908 ne peut pas davantage nous être opposé. L'enfant naturel réclamant les droits qui découlent de l'adoption se prévaudra de sa qualité d'enfant adoptif, non de sa qualité d'enfant naturel. « Le moyen ingénieux de faire succéder les « enfants naturels comme enfants adoptifs et non comme « bâtards, disait le procureur général Dupin, concilie la « justice avec l'intérêt des mœurs. »

Un dernier point reste à étudier sur l'article 908 : qui pourra se prévaloir de cette disposition? La réduction des droits de succession des enfants naturels est une mesure protectrice des droits des membres de la famille légitime. Pourront, sans aucun doute, demander la réduction des libéralités excessives, les membres de la famille légitime qui viennent en ordre utile à la succession. Mais il peut se faire que les héritiers légitimes, s'ils ne sont pas réservataires, aient été valablement exclus par l'institution d'un légataire universel, et que des libéralités excessives aient été faites à l'enfant naturel. Qui donc va pouvoir en demander la réduction? Les parents légitimes? Mais ils sont exclus par le légataire universel! Le légataire universel lui-même? Mais la règle de l'article 908 n'a pas été écrite pour les étrangers! Il semble difficile de sortir de cette impasse. Les héritiers exclus n'ont pas d'intérêt à agir, puisque la réduction ne doit pas leur profiter, et le légataire universel n'a pas qualité puisqu'il ne fait pas partie de la famille légitime. L'opinion qui nous semble la plus juridique est de traiter les héritiers exclus comme s'ils étaient renonçants. L'enfant naturel garderait donc intactes les libéralités qui lui ont été faites. Mais n'est-ce pas là un résultat bien contraire à l'esprit de la loi? Les parents légitimes vont se voir déshériter par un père naturel qui veut mettre les libéralités à l'abri de la réduction. Aussi, les auteurs et la jurisprudence se sont-ils ingéniés à tourner la difficulté. Si l'article 908 créait, au profit des parents légitimes, un véritable droit de réserve, il faudrait accorder, dans tous les cas, aux parents légitimes et à eux seuls le droit d'agir en réduction et d'en profiter. Mais on recule devant ce résultat et, tout en admettant le principe d'indisponibilité, on se refuse à en poursuivre toutes les conséquences. L'article 908 ne crée pas, selon nous, une véritable règle d'indisponibilité, mais une règle d'incapacité, ce qui résulte de la rédaction de l'article et de la place qu'il occupe. Si c'est une incapacité,

il nous semble difficile de refuser à cette incapacité le caractère relatif. Créée dans l'intérêt des membres de la
famille légitime, elle ne devrait pouvoir être invoquée que
par eux qui, dans notre hypothèse, n'ont plus d'intérêt à
agir. La jurisprudence admet au contraire que la réduction peut être demandée par le légataire universel.

La solution est difficile à justifier en droit, car l'incapacité n'a pas été établie en leur faveur (1). L'incapacité,
dit-on, est fondée sur une raison d'ordre public et la nullité peut être invoquée par tous les intéressés. L'incapacité serait écrite dans l'intérêt de la famille elle-même, non
dans l'intérêt des individus qui la composent. Mais il
semble singulier qu'un étranger puisse agir au nom
de la famille, et la loi semble bien avoir voulu surtout protéger les membres, puisque les droits des enfants
naturels sont plus ou moins limités, selon le degré de
parenté des héritiers légitimes avec lesquels ils concourent. Aussi M. Léon Michel justifie-t-il autrement le droit
d'agir du légataire universel. L'action appartiendrait virtuellement au donateur lui-même qui la transmettrait à
ses successeurs, quels qu'ils soient. L'action qui ne pourrait pas être intentée du vivant du donateur, puisque l'on
ne sait pas encore si la libéralité est excessive, pourrait
être intentée par le légataire universel qui l'a recueillie
dans le patrimoine du donateur. Ce système a l'avantage
de se concilier avec le caractère relatif de l'incapacité.
Mais, outre qu'il nous est difficile de comprendre une

_______________

(1) Cass. 7 février 1865, D. 65, 1, p. p. 51.

action qui naît en la personne du donateur que la loi n'a
certainement pas pour but de protéger, cette action n'est-
elle pas personnelle aux membres de la famille, et comment, dès lors, comprendre qu'elle puisse être valablement transmise à un étranger ?

Dans l'état actuel des textes, nous croyons qu'il est fort
difficile de justifier la théorie de la jurisprudence. La
meilleure solution en législation, que nous ne croyons pas
avoir été consacrée par les textes, serait de considérer
l'article 908 comme créant une véritable indisponibilité
qu'il ne dépendrait pas du disposant d'éluder par l'institution d'un légataire universel. Le législateur, pour sanctionner les règles de réduction, aurait dû en décider ainsi,
et le système aurait été plus complet ; nous y voyons une
lacune qu'il est difficile de combler avec les principes de
la législation existante. Mais nous ne pouvons nous dissimuler que l'on arrive à un résultat singulier, en faisant
profiter un étranger de la réduction dans le but de protéger la famille légitime. Le système qui voit, dans l'article 908, une incapacité relative, autorise la renonciation
de la part de ceux qui peuvent s'en prévaloir ; cette solution est difficile à admettre si l'on voit, avec la jurisprudence, une disposition absolue dont le bénéfice peut être
réclamé par tous les intéressés. Aussi nous paraissent cri-
tiquables ces arrêts qui décident que les articles 758 et
908 du Code civil, ne frappant l'enfant naturel d'aucune
indignité, n'édictent qu'une indisponibilité vis-à-vis des

(1) Douai, 13 mai 1886, D. 2, 6.

successibles et qu'en conséquence les héritiers légitimes peuvent, en vertu des principes généraux applicables à toutes les conventions, renoncer à leurs droits. Si la disposition est d'ordre public, comment renoncer valablement au bénéfice de s'en prévaloir ?

Dès lors que la confirmation est possible, il ne faut plus parler d'ordre public et l'action doit être imprescriptible.

Les limites et la portée de l'article 908 étant déterminées, il devient facile de procéder à l'énumération des libéralités qui sont licites et restent en dehors de l'incapacité. Si l'enfant naturel ne peut pas recevoir au-delà de ce qui lui est accordé au titre des successions, il peut recevoir, jusqu'à concurrence de sa part héréditaire, et les libéralités dont il est gratifié sont aussi valables que s'il eût été légitime. Le père naturel pourra choisir la forme de libéralité qui lui convient, la soumettre aux conditions qu'il lui plaira, sous la seule restriction des principes du droit commun en matière de donations. De même que pour les enfants légitimes, le père naturel ne pourra pas grever la réserve des enfants naturels d'une clause de substitution, mais il lui sera possible, par application de l'article 1048, et dans la mesure de la quotité disponible, d'adjoindre à sa libéralité une clause de substitution au profit des enfants légitimes de son fils naturel. La question est pourtant controversée et a été l'objet, devant les Tribunaux, de débats intéressants. La Cour de Cassation tient pour l'affirmative et reconnaît valable la clause de substitution, au moins pour les petits-enfants légitimes, car les enfants naturels de l'enfant naturel ne sont pas légalement les petits-enfants de l'aïeul, et nous sommes en dehors des termes et de l'esprit de l'article 1048 : des termes, car l'article 1048 ne permet la substitution qu'au profit des petits-enfants du disposant; de son esprit, car la considération d'affection qui explique la substitution n'existe plus dans notre hypothèse. Il est à peine besoin d'ajouter que l'article 1048 est un texte exceptionnel et qu'il faut interpréter restrictivement.

Mais il ne saurait en être de même des enfants légitimes de l'enfant naturel. La question est fort grave, car la nullité de la substitution entraînerait comme conséquence la nullité de la libéralité elle-même. Assez récemment, devant la Cour de cassation, M. l'avocat général Desjardins a défendu la thèse de la nullité de la substitution. Il invoque comme argument qu'en cette matière de substitution l'ordonnance de 1747 a servi de modèle et que le mot « enfants », sans épithète, s'entend généralement des enfants légitimes, et que quand le législateur décide le contraire, il s'en explique, et M. l'avocat général cite l'exemple des articles 158 et 383 du Code civil. Nous répondrons qu'il faut se garder d'une opinion si absolue, et nous pourrions citer au contraire les articles 371, 372 et 374 qui, de l'aveu de tous, visent les enfants naturels, sans pourtant s'en expliquer formellement. M. l'avocat général ajoute : « Au texte de 1048, « judaïquement interprété, j'oppose la rubrique du cha-

« pitre VI, où il n'y a pas de petits-enfants dans la
« famille naturelle ». Nous croyons que c'est là une
erreur, et, s'il est vrai de dire qu'il n'y a pas de petits-
enfants naturels, il existe au contraire des petits-enfants,
s'ils sont enfants légitimes de l'enfant naturel. La Cour de
cassation, par un arrêt de rejet de la Chambre civile du
2 mai 1888 (1), s'est prononcée, contrairement aux conclusions de M. l'avocat général Desjardins, pour la validité de la clause de substitution. Cet arrêt ne faisait d'ailleurs que confirmer la jurisprudence antérieure, et, en
1868, la Cour de Paris, sur les conclusions conformes de
M. l'avocat général Dupré-Lasale, se prononçait dans le
même sens. Il est dit dans cet arrêt que les discussions
qui ont précédé le vote de cet article ne laissent aucun
doute sur les motifs qui ont déterminé son adoption, que
le législateur a voulu conserver à la puissance paternelle
des père et mère la force nécessaire et leur fournir un
moyen d'assurer, tout à la fois, la jouissance des biens,
dont ils ont la libre disposition, à leurs enfants, et la transmission de ces biens aux enfants de ceux-ci, pour continuer la famille ; que les père et mère naturels exercent
la puissance paternelle sur les enfants qu'ils ont légalement reconnus, et que l'article 1048 n'établit aucune
distinction entre les père et mère légitimes et les père et
mère naturels (2).

(1) Civ. rej. 2 mai 1888, I, 209.
(2) Aubry et Rau, tome VII. — 696, p. 333.
    Contra, Demolombe, 5, no 412.

Il serait d'ailleurs très difficile de justifier en législation un système qui n'admettrait pas la légalité de la substitution. Les raisons qui expliquent la limitation des droits des enfants naturels ne trouvent pas ici leur place, puisque la clause de substitution ne diminue pas les droits héréditaires des parents légitimes. La sage prévoyance d'un père de famille qui veut mettre une partie de sa fortune à l'abri des dettes de dissipation de son fils est, dans notre hypothèse particulièrement recommandable. Que le père naturel veuille assurer aux enfants légitimes de l'enfant naturel une partie de sa fortune, cela se comprend d'autant mieux que la tache de l'enfant naturel rejaillit, dans nos mœurs, sur ses descendants, et que ceux-ci ont besoin de protection. Personne ne peut se plaindre de cette substitution, ni les parents légitimes dont les droits ne sont pas atteints, ni l'enfant naturel qui pourrait être réduit à sa part de réserve. Les inconvénients de la substitution, au point de vue économique et social, se présentent ici avec la même force, mais c'est l'institution elle-même qui peut être critiquée, non l'application que nous faisons aux enfants naturels. Il va sans dire que la clause de substitution ne pourra grever que la portion disponible de la part héréditaire de l'enfant naturel et, dans le système d'après lequel la réserve de l'enfant naturel serait du montant de sa part héréditaire telle quelle est fixée par les articles 757, etc., etc., il faudrait décider que toute clause de substitution serait impossible, puisque la part héréditaire serait à la fois un minimum et un maximum que le père ne pourrait pas réduire par une clause insérée dans l'acte contenant la libéralité. Pour les mêmes raisons, nous décidons que le père naturel usant du moyen qui lui est fourni par l'article 761, ne pourrait pas grever la donation d'une clause de substitution, ce qui ne serait pas donner à l'enfant naturel tous les droits qui lui sont accordés par l'article 761 comme compensation de la réduction qu'on lui fait subir.

L'article 908 consacrant une incapacité, c'est à celui qui s'en prévaudra à prouver cette incapacité. La capacité est la règle ; l'incapacité, l'exception. L'enfant naturel, pour être incapable, doit être reconnu, et la jurisprudence refuse aux intéressés le droit d'agir en recherche de filiation contre l'enfant naturel (1). Il serait intéressant à plus d'un égard d'étudier cette jurisprudence, cela nous obligerait à sortir des limites de notre travail. Quels que soient les arguments de droit que l'on puisse opposer, cette jurisprudence se recommande par des raisons très sérieuses. L'intérêt pécuniaire ne saurait suffire pour intenter des procès de cette nature. On comprend que les intéressés contestent l'état, mais il y a quelque chose de choquant à voir la famille légitime demander à prouver l'irrégularité d'une filiation.

De même que tout étranger, l'enfant naturel non reconnu peut recevoir toute la quotité disponible. Ce n'est pas là un des moindres griefs que l'on fasse à la législation des enfants naturels. Comment ! Un père naturel

(1) Req. 23 juillet 1878, D. P. 79, 1, 15.

pourrait, par la reconnaissance, amoindrir la situation de l'enfant naturel, la reconnaissance serait [pour ainsi dire frappée d'une peine ! Le père naturel se gardera bien de reconnaître, et les praticiens lui conseilleront d'éviter une reconnaissance qui paralyse sa liberté et frappe l'enfant naturel d'incapacité. Ces arguments sont des plus sérieux, il n'est cependant pas impossible d'y répondre. Il est vrai que la reconnaissance crée une incapacité, mais elle donne des droits dans la succession ab intestat. Le législateur frappe d'incapacité l'enfant naturel, lorsque la filiation est connue ; s'il n'y a pas reconnaissance, les apparences sont sauvegardées. L'enfant naturel invoque les droits de tout étranger, de même qu'il peut recevoir davantage comme enfant adoptif que comme enfant naturel reconnu. Quoiqu'il en soit, la jurisprudence a été touchée par ces arguments et nous devons rechercher par quels détours elle a pu atteindre les libéralités faites aux enfants naturels non reconnus. De nombreux arrêts annulent, pour cause illicite, les libéralités faites à un enfant naturel non reconnu, lorsque la croyance où était le disposant que le bénéficiaire était son enfant naturel a été la cause déterminante de sa volonté, et que cette volonté apparaît dans l'acte même qui contient la libéralité. Cette jurisprudence se recommande par son utilité pratique, mais il est difficile de la justifier en droit avec le caractère juridique que l'on donne habituellement à la cause dans les actes à titre gratuit. Selon l'opinion commune, la cause, dans la donation, est l'intention libérale, et cette intention, isolée des motifs qui l'expliquent, ne peut pas être illicite. La jurisprudence fait une confusion entre la cause et les motifs. Cette confusion n'est d'ailleurs pas particulière à la question que nous étudions et les Tribunaux y trouvent le moyen de faire tomber des actes qui, en droit, nous paraissent inattaquables mais dont on s'efforce de paralyser les effets, parce qu'ils blessent la morale. C'est ainsi que des décisions judiciaires annulent les libéralités faites entre concubins. On pourrait citer d'autres exemples de cette confusion, mais l'application est tout particulièrement intéressante au sujet des libéralités faites aux enfants naturels non reconnus. La confusion est certaine, et les arrêts, dans leurs attendus, ne prennent pas la peine de la déguiser. « Attendu que les motifs déterminants d'une donation « sont considérés comme la cause générale des libéralités « exprimées dans ces sortes d'actes, d'où il résulte qu'il y « a lieu de faire aux donations et testaments application « des articles 1131 et 1133 du Code civil. » Alors la libéralité est attaquée pour cause illicite, non pour incapacité. Mais la jurisprudence exige, pour qu'il y ait cause illicite, la réunion de deux conditions : que le disposant ait cru, en faisant la libéralité, que le bénéficiaire était son enfant naturel et que cette croyance résulte de l'acte lui-même ; que cette considération apparaisse comme la cause déterminante de la volonté. Ainsi il a été jugé que l'on ne pourrait invoquer la nullité pour cause illicite en recherchant la volonté du disposant dans un testament antérieur qui a été révoqué par celui qui contient la libéralité (1). Des objections très graves peuvent être soulevées contre cette jurisprudence, et nous pouvons les grouper en trois ordres d'idées : n'y a-t-il pas contradiction entre les décisions qui refusent aux intéressés le droit de prouver la filiation naturelle contre l'enfant et celles qui, au contraire, permettent d'attaquer la libéralité pour cause illicite ? La contradiction apparaît mieux encore s'il s'agit d'enfants adultérins, n'est-ce pas aboutir en fait à une reconnaissance que la loi prohibe formellement ? On répond à cette objection par un argument assez subtil en disant que celui qui attaque la libéralité pour cause illicite demande à prouver l'opinion, de la part du testateur, que le légataire est son enfant, opinion dont la preuve n'est pas prohibée comme celle de la filiation elle-même. C'est assez spécieux, car si la libéralité est annulée pour cause illicite, ce n'est pas par l'effet d'une simple déclaration, mais en raison de la filiation qu'elle suppose. La loi n'a certes pas voulu frapper une simple croyance, elle a voulu frapper un fait régulièrement établi. La seconde

(1) D. 1887, 1, 295.
   Caen, 11 D., 1876. D. 78, 5, 192.
   Req. 6 D., 1876, D. 77, 1, 492.
   Pau, 16 juin 1884, D. 85, 2, 254.
      31 juil. 1860, D. 60, 1, 458.
      22 janv. 1867, D. 67, 1, 5.
   Amiens, 14 janv. 1864, D. 64, 2, 121.
   Paris, 11 août 1866. D. 66, 2, 168.
   Aix, 5 janv. 1882, D. 82, 2, 131.

objection est la plus puissante, la jurisprudence confond
la cause et les motifs. Il n'y a pas et il ne peut pas y avoir
d'intention libérale illicite. La cause est le but immédiat
que l'on se propose en faisant un acte et le but immédiat
est la volonté de se montrer généreux. Sans doute les
motifs existent, mais ce sont des mobiles secrets dont l'appoint est indifférent au point de vue juridique. La jurisprudence a été conduite à cette théorie par les inconvénients de l'autre opinion. La législation rigoureuse des
enfants naturels, dit-on, serait lettre-morte, s'il suffisait
de ne pas reconnaître, pour éluder la prohibition de l'article 908. On peut d'abord se demander si le remède est
bien efficace, puisqu'il suffira au père de ne pas faire de
déclaration dans sa libéralité ; la jurisprudence frappera
les donateurs de bonne foi et restera impuissante vis-à-vis
des autres.

Mais le système se heurte à des inconvénients pratiques.
Où s'arrêtera-t-on, si l'on pénètre les volontés et si l'on
recherche l'intention secrète qui dicte les décisions ? C'est
l'incertitude dans les transactions, la porte ouverte à
l'arbitraire ; l'appréciation sera délicate, et l'on ne s'en-
tendra pas toujours sur le caractère licite ou illicite d'une
déclaration. La jurisprudence semble avoir obéi à un
scrupule en exigeant que la manifestation de volonté
apparaisse dans l'acte attaqué lui-même. Pourquoi cette
restriction et, s'il y a cause illicite, ne peut-elle pas
résulter d'autres circonstances ?

Nous comprenons en législation, que l'enfant naturel

non reconnu soit traité comme un étranger ; sa condition est ignorée, la filiation est incertaine. Lesystème de la jurisprudence aboutit à cette conséquence que la déclaration du père, qui est insuffisante pour valoir reconnaissance et donner des droits, suffira néanmoins pour entraîner des déchéances. La filiation se trouvera prouvée, en définitive, contre l'enfant, sans que celui-ci puisse en réclamer les avantages. Nous avons toujours, dans le cours de cette étude, omis d'étudier la condition des enfants adultérins et incestueux. La raison, nous l'avons donnée au début, est que les enfants adultérins et incestueux ne peuvent invoquer aucun droit de succession. La loi ne leur accorde que des aliments. Mais d'autre part, le Code civil prohibe la reconnaissance de ces enfants et l'on peut dès lors se demander à quel titre les enfants adultérins et incestueux peuvent réclamer des aliments, puisqu'ils n'ont aucun moyen de faire constater leur filiation. La réponse est simple et les enfants adultérins et incestueux n'ont droit aux aliments que la loi leur donne que dans les cas exceptionnels où leur filiation peut se trouver établie indirectement, notamment lorsque le mari aura triomphé dans une demande en désaveu. La difficulté est donc seulement apparente et ce que la loi prohibe, c'est la recherche directe, objet d'une demande principale, spéciale. Sous cette distinction, les enfants adultérins et incestueux ont droit à des aliments (art. 762) et encore sous cette réserve que les père et mère ne leur auront pas fait apprendre un art mécanique ou ne leur auront pas donné des aliments de leur vivant. Dans ces deux hypothèses, toute demande en aliments serait mal fondée et non avenue (763).

Si les enfants adultérins et incestueux ont droit à des aliments, ils pourront faire valoir leurs droits dans la succession de leurs père et mère, mais ils agiront comme créanciers, non comme successeurs ; le droit qu'ils invoquent est un droit personnel, non un droit réel. Leurs droits ne sont donc pas de véritables droits de succession, puisque la loi range le droit de succession parmi les modes d'acquisition de la propriété.

Quant à la capacité de ces enfants d'acquérir des legs, il faut distinguer deux hypothèses : ou la filiation a été établie, quand elle a pu l'être, et l'article 908, est pleinement applicable, ou au contraire leur filiation reste incertaine, et, dans ce dernier cas, les enfants adultérins et incestueux doivent être assimilés à des étrangers au point de vue de leur capacité. Il nous suffit de rappeler que la jurisprudence, par des raisons pratiques, annule dans certaines conditions les libéralités faites à ces enfants, en invoquant la théorie de la cause illicite.

# CHAPITRE V



## SECTION I. — Législation comparée.

Toutes les législations étrangères font une place à part
aux enfants naturels. Bien que le problème ne se pose pas
partout dans les mêmes termes, il importe de relever les
points les plus importants. Comme l'a fort bien dit
M. Challamel, dans un compte rendu du projet de Code
civil allemand : « Chaque nation a ses traditions, et rien
« n'est plus insensé que de vouloir procéder, en matière
« législative, par voie d'importation, mais comment rester
« insensible au stimulant qui nous vient du dehors, alors
« que le vieil édifice de notre Code civil menace ruine
« de toutes parts (1) »?

Un petit nombre de législations se montrent plus rigoureuses que notre Code civil.

En première ligne il faut placer l'Angleterre, dont la
législation des enfants naturels est curieuse à plus d'un
titre. Grande facilité pour la recherche de la filiation natu-

(1) *Bulletin de la Société de législation comparée*, année 1893.

relle, absence presque absolue de droits : tels sont les deux traits caractéristiques de la législation Anglaise où nous retrouvons, à peu de choses près, le droit de l'ancienne coutume de Normandie. L'action en recherche de la paternité naturelle est intentée tantôt par la mère elle-même, tantôt par la paroisse en cas d'indigence de la mère, lorsque l'enfant naturel est à la charge de la paroisse. La filiation une fois établie, le père ne peut être condamné qu'à l'entretien de l'enfant naturel. Aucun droit n'est accordé à l'enfant naturel dans la succession de son père, de la famille duquel il ne fait pas légalement partie. La loi Anglaise ne connaît pas notre légitimation par mariage subséquent et les parents n'ont que la ressource d'obtenir la légitimation par un acte du Parlement, acte qui détermine quels seront les effets attachés à cette légitimation (1).

La législation Russe se montre également fort rigoureuse pour les enfants naturels. D'après le *Svod*, l'enfant naturel est étranger à ses parents nobles, et si les parents n'appartiennent pas à la noblesse, la mère peut reconnaître son enfant naturel et la reconnaissance donne à celui-ci, vis-à-vis de sa mère, tous les droits d'un enfant légitime. Pareille distinction, basée sur un système de privilèges, ne saurait être admise dans une législation où l'intérêt du mariage est également puissant, quelle que soit la naissance des auteurs naturels. D'après la loi Polonaise du 23 juillet 1825, l'enfant naturel doté ne peut réclamer

(1) Glasson, *Histoire des institutions de l'Angleterre*, tome VI, pp. 289 et svts.

aucun droit de succession. La législation des provinces
Baltiques se montre plus large et l'enfant appartient à la
famille de sa mère et a les mêmes droits que s'il étaitlégi-
time ; il reste étranger à son père. C'est la législation de
presque tous les pays allemands et le système est généralisé dans le projet du Code civil allemand.

En Suisse, les droits des enfants naturels varient selon
les cantons :

Dans le canton de Glaris, l'enfant illégitime a droit dans la
succession de son père aux 3/4 de la part héréditaire qu'il
aurait eue, s'il avait été légitime, lorsqu'il vient en concours
avec des descendants légitimes (298). Dans la succession
desa mère, l'enfant naturel a les mêmes droits qu'un
enfant légitime.

Dans le canton de Genève, l'enfant naturel a droit, vis-à-
vis des descendants légitimes, à la 1/2 de la part à laquelle
il aurait pu prétendre comme enfant légitime ; en présence
du père ou de la mère, ses droits sont des 3/4, et vis-à-vis
de tous autres, il succède à la totalité de la succession.
D'après la loi de 1874, il succède à ses frères et sœurs
comme s'il était légitime (article 757 modifié).

Dans le canton de Fribourg, les droits de succession
sont de 1/2 en présence de descendants légitimes ; des 3/4
en présence des frères et sœurs ou descendants d'eux ;
de la totalité de la succession dans toutes les autres hypothèses de concours.

Dans le canton de Lucerne, la condition de l'enfant naturel est nettement déterminée, et, dans la succession de

sa mère, il a tous les droits d'un enfant légitime ; il est
exclu pour la totalité de la succession de son père.

Dans le canton de Neufchâtel, l'enfant naturel concourant avec des enfants légitimes a droit au 1/3 d'une part
d'enfant légitime ; à la 1/2 vis-à-vis des ascendants au
premier degré ou frères et sœurs ; aux 3/4 vis-à-vis de
tous autres héritiers. Cette législation se rapproche davantage de la nôtre, sauf deux différences : l'enfant naturel,
dans le système de la législation du canton de Neufchâtel,
a droit, au regard des enfants légitimes, autiers d'une part
d'enfant légitime, non au tiers de ce qu'il aurait eu comme
enfant légitime, et les ascendants, au-delà du premier
degré, sont rangés dans la troisième catégorie (1).

La législation du canton de Zurich est tout particuliè-
ment intéressante. L'article 893 accorde aux enfants naturels, dans la succession de leur mère et de leurs parents
maternels, les mêmes droits héréditaires et de réserve
qu'aux enfants légitimes ; l'article 894 les exclut pour le
tout de la succession paternelle. Il faut observer que c'est
là le système admis, le plus généralement, par les lois
Allemandes, et que, parmi les législations cantonales de
la Suisse allemande, le Code de Zurich est une des plus
importantes. Mais s'il en est ainsi pour le droit de succession, il faut ajouter que l'enfant naturel peut, le plus
souvent, réclamer des aliments, soit à son père, soit à sa
mère. C'est ce que veut dire l'article 692 qui dispose que

(1) Lardy, conseiller de la légation Suisse en France, *Législation
civile des cantons Suisses.*

« les enfants naturels jouissent des mêmes droits *personnels* que les enfants légitimes. » A cette fin, l'article 697
permet la recherche de la paternité pendant la grossesse
de la mère et pendant un certain délai après l'accouche-
ment, lorsque la femme et l'auteur de sa grossesse étaient
fiancés. Cette constatation judiciaire est entourée de nombreuses précautions. Il faut, notamment, que la femme
ne soit pas une fille de débauche. L'article 701 (al. 7)
prévoit plusieurs hypothèses qui ne sont d'ailleurs données
qu'à titre d'exemples, et les tribunaux ont un large pouvoir
d'appréciation. Si la paternité est prouvée, le père est tenu
de payer à la mère les frais de délivrance, de couches et
de baptême, et, jusqu'à ce que l'enfant ait atteint l'âge de
douze ans, une somme annuelle fixée par le tribunal.
A partir de cet âge, le père devra supporter les frais
d'entretien, d'éducation et d'instruction professionnelle.
Ces droits personnels, dont parle l'article 692, tempèrent
la rigueur de la loi en ce qui concerne les droits de
succession.

Tels sont les principaux traits des législations des pays
suisses. Une disposition fort originale se rencontre dans
plusieurs cantons, et se trouve consacrée notamment dans
l'article 181 du Code civil du Vaudois. Le législateur
assimile aux enfants légitimes les enfants nés en-dehors
du mariage, mais après des fiancailles régulières. Cette
particularité trouve son explication, si l'on se rappelle ce
qu'était le mariage dans l'ancien droit germanique, où
l'union était valable, sous la double condition du consen-

tement et de la consommation. Le concile de Latran soumit la validité du mariage à la bénédiction nuptiale, mais, sous l'influence de la tradition, le législateur fut amené à reconnaître des droits plus étendus aux enfants nés en dehors du mariage, mais après la célébration des fiançailles et l'échange solennel du consentement (Brautkinder) (1).

Le Code civil italien préfère les enfants naturels aux collatéraux. Dans l'hypothèse de concours avec des descendants légitimes, l'article 744 accorde aux enfants turels la 1/2 de la part à laquelle ils auraient droit s'ils étaient légitimes. Si le père naturel laisse son père et sa mère ou l'un d'eux, ou un autre ascendant ou son conjoint, l'article 745 reconnaît aux enfants naturels les 2/3 de l'hérédité et, dans le cas où les enfants naturels concourent, en même temps, avec les ascendants et le conjoint survivant, la loi accorde 1/3 aux ascendants, 1/4 au conjoint et le surplus seulement aux enfants naturels.

Le Code civil italien consacre un droit de réserve au profit des enfants naturels. La réserve est fixée à la part qui est attribuée à l'enfant naturel dans la succession ab intestat, mais l'article 744 permet aux enfants légitimes de se libérer en donnant aux enfants naturels leur part, en argent ou en immeubles, justement estimés. S'il n'y a ni descendants, ni ascendants, la réserve des enfants naturels n'est plus que des 2/3 de la part qu'ils auraient recueillie comme héritiers ab intestat. Dans aucun cas, la

(1) Lehr, *Code civil de Zurich.*

réserve de l'enfant naturel ne pourra nuire à celle des parents légitimes et la quotité disponible seule se trouvera diminuée. C'est ce qui résulte de l'article 818. Toutes ces dispositions sont d'autant plus intéressantes à relever qu'elles diffèrent toutes plus ou moins des dispositions correspondantes de notre Code civil (1).

La législation Portugaise accorde la totalité de la succession aux enfants naturels, s'ils ne viennent pas en concours avec des descendants légitimes (art. 1990). De toutes les lois étrangères, nous n'en avons étudié aucune qui reconnaisse aux enfants naturels des droits aussi étendus. L'article 1990 est général et ne fait aucune distinction entre la succession paternelle et la succession maternelle. Mais quels sont les droits des enfants naturels, s'ils concourent avec des enfants légitimes? L'article 1991 du Code civil portugais, dispose que l'enfant naturel succédera dans la proportion fixée par l'article 1785 et ce dernier article établit la distinction suivante : si les enfants naturels étaient reconnus à l'époque où le testateur a contracté le mariage dont sont nés les enfants légitimes, leur part sera égale à la réserve de ceux-ci diminuée d'un tiers; si la reconnaissance est postérieure au mariage, la part ne peut pas excéder la réserve des autres diminuée d'un tiers, et ne pourra être prise que sur la *quotité disponible*. Si l'on tient compte de l'article 1784 qui fixe la réserve des enfants légitimes aux 2/3 des biens

(1) L'article 205 du Code civil Italien défend l'adoption des enfants naturels. L'article 768 reproduit l'article 908 de notre Code civil.

du testateur, on a tous les éléments nécessaires pour calculer les droits de succession des enfants naturels.

L'article 1992 prévoit le cas où les enfants naturels reconnus postérieurement au mariage ne peuvent, aux termes de l'article 1785, exercer leur droit que sur la quotité disponible, et dispose que cet article recevra son application, quand bien même le tiers des biens, en raison du nombre des enfants illégitimes, ne suffirait pas à les remplir des parts qui leur sont attribuées. Cet article décide que les enfants naturels n'auront pas droit à autre chose et que le tiers sera réparti également entre eux.

L'article 1989, exige pour que les enfants naturels puissent invoquer ces droits de succession, qu'ils aient été reconnus. Les enfants naturels non reconnus sont qualifiés de « espurios » par l'article 134.

Ajoutons que la loi Portugaise ne permet pas la reconnaissance des enfants adultérins et incestueux.

Mais les enfants naturels non reconnus ne sont pas sacrifiés par la loi Portugaise et l'article 135 accorde des aliments aux enfants non reconnus, dont la paternité a pu être prouvée dans une instance civile ou criminelle. A défaut de reconnaissance valable quant au droit de succession, il y a reconnaissance valable quant à la formation d'une dette alimentaire (1).

Le Code espagnol promulgué le 24 juillet 1889 a consacré des réformes importantes. La recherche de la paternité est admise moyennant certaines conditions : Posses-

______

(1) Lepelletier, *Code civil Portugais.*

sion d'État, écrit émanant du père, viol ; le système est, à peu de choses près, le même que celui de la loi Portugaise.

Des droits de succession sont accordés aux enfants naturels dans la succession de leurs père et mère par les articles 840, 841, 842 du Code civil. Chacun des enfants naturels venant en concours avec des enfants légitimes aura droit à la 1/2 de la quotité revenant à chacun des enfants légitimes n'ayant point de préciput ; cette part ne se prendra que sur le tiers de libre disposition, c'est-à-dire sur la quotité disponible, et les enfants légitimes pourront fournir aux enfants naturels leur part en argent ou en d'autres biens, d'après une juste estimation. Si le père naturel laisse des ascendants légitimes, la part des enfants naturels sera de la 1/2 de la portion disponible (841) ; l'article 842 prévoit une dernière hypothèse et accorde aux enfants naturels le 1/3 de la succession, s'il n'y a ni descendants ni ascendants légitimes.

L'article 343 accorde aux descendants légitimes des enfants naturels, le bénéfice de la transmission de ces droits de succession. Cette disposition mérite d'être rapprochée de l'article 759 du Code civil français.

L'existence d'une réserve au profit des enfants naturels résulte formellement de l'article 807, qui en fixe le montant par renvoi aux articles 840 et suivants, que nous avons cités plus haut.

En ce qui concerne les libéralités, l'article 847 les déclare imputables sur la réserve des enfants naturels, et réductibles dans les cas où elles excéderaient le tiers de libre disposition.

Telles sont les principales dispositions du Code civil espagnol sur les droits de succession des enfants naturels. A côté des enfants naturels non légitimés, il faut placer les enfants naturels qui n'ont été légitimés que par lettre du roi et dont la part héréditaire est la même que celle accordée aux enfants naturels reconnus (844). Les enfants naturels légitimés par ce mode de légitimation restent donc enfants naturels en ce qui concerne leurs droits de succession.

## SECTION II. — Droit international.

L'étude des législations étrangères n'est pas seulement intéressante en ce qu'elle relève des conceptions législatives que l'on consulte avec profit pour l'amélioration de nos lois; elle est encore très utile pour la solution des conflits de droit international qui sont de nature à s'élever fréquemment à une époque où les relations internationales s'accroissent chaque jour davantage.

La question qui se pose est la suivante : en cas de conflits de lois sur les droits de succession des enfants naturels, laquelle de ces lois faudra-t-il appliquer?

Construisons l'hypothèse : un père naturel étranger décède en laissant un enfant naturel et des biens situés en France. L'enfant naturel invoque la loi Française pour succéder aux biens situés en France. Devrons-nous appliquer la loi nationale du défunt, ou la loi du pays où les biens sont situés?

Nous tenons pour admis que toutes les lois sont personnelles par quelque côté, sans aborder la grave question des statuts réels et des statuts personnels qui nous astreindrait à de trop longs développements. Dès lors, nous pensons que la loi applicable est la loi nationale du défunt, autant qu'elle ne sera pas contraire au grand principe de la souveraineté nationale.

Les lois qui régissent la succession ab intestat sont des lois d'ordre privé, fondées sur une interprétation de volonté du défunt, c'est donc d'après la loi nationale du défunt qu'il faut résoudre cette première question. : l'enfant naturel peut-il succéder? Mais nous nous empressons d'ajouter que la capacité des enfants naturels est restreinte par des dispositions de la loi Française et que ces dispositions doivent être considérées comme étant d'ordre public. C'est ainsi que nous appliquerons les articles 760 et 908 dans le cas où l'enfant naturel aurait reçu des libéralités supérieures à la part qui lui est accordée par la loi française dans la succession ab intestat, alors même que la loi nationale du défunt assimilerait, au point de vue de la capacité, les enfants naturels aux enfants légitimes. De même les enfants adultérins et incestueux que la loi nationale de leur père appellerait à sa succession sont écartés par les dispositions Françaises qui excluent les enfants adultérins et incestueux de la succession de leurs auteurs.

Le système de la jurisprudence est tout différent. Les tribunaux distinguent entre la fortune mobilière et la fortune immobilière. Pour la transmission héréditaire, ils appliquent la loi du *dernier domicile* du de cujus en ce qui concerne les meubles « mobilia sequuntur personam » et la loi territoriale en ce qui concerne les immeubles « quot sunt bona diversis territoriis obnoxia tot sunt « patrimonia » (1).

Quant à la capacité de recevoir des libéralités, la jurisprudence décide que l'article 908 n'étant que la consécration de la succession ab intestat, il y a lieu d'admettre les mêmes distinctions, selon qu'il s'agit de succession mobilière ou au contraire de succession immobilière. C'est dans tous les cas, et selon ces distinctions, soit la loi du dernier domicile du défunt, soit la loi territoriale qu'il faut appliquer.

Tout d'abord nous écartons d'une façon absolue la loi du domicile. Le domicile n'a rien de réel ; c'est un rapport de droit lié à la personne et qui n'a pas d'existence en dehors d'elle et n'est pas susceptible de recevoir une définition abstraite. D'autre part, si l'on doit s'en rapporter à l'intention présumée du défunt, n'y a-t-il pas lieu de

(1) Cass. 25 juillet 1811, Sirey, 1811, I, 301.

Aubry et Rau, tome I, p. 100.

Contra, Le Hâvre, 24 août 1872, *Journal dr. int. pri.*, tome I, p. 182.

consulter plutôt la loi nationale que la loi du dernier
domicile ? C'est donner au domicile une importance qu'il
n'a pas. La nationalité est d'une bien autre gravité, et tel
qui changera fréquemment de domicile regardera peut-
être comme un véritable déshonneur de changer de nationalité ; si la loi attache des effets au domicile, c'est par
des raisons d'utilité pratique et dans la limite desquelles
il faut savoir se renfermer.

En second lieu, nous nions que la capacité de l'enfant
naturel doive être réglée d'après la loi du défunt. Alors
même que l'on ne verrait pas, dans l'article 908, une disposition d'ordre public, la loi applicable ne serait jamais
que la loi de l'enfant naturel. Et, en effet, la capacité
d'une personne est régie par la loi nationale de cette
personne. La capacité doit s'apprécier à la fois chez le
disposant et chez l'accipiens, et en supposant que la loi
nationale du disposant ne prononce contre lui aucune
incapacité de disposer, il faudrait encore rechercher si la
loi nationale de l'accipiens ne prononce contre lui
aucune incapacité de recevoir.

D'après cette doctrine, il faudrait soumettre l'enfant
naturel Français, à l'application de l'article 908, alors
même que la la loi de son père ne restreindrait en aucune
façon sa faculté de disposer. Mais notre opinion est beaucoup plus absolue, et nous décidons que l'article 908, étant
d'ordre public est toujours applicable quelle que soit
la loi nationale du père, quelle que soit la loi nationale
de l'enfant.

Enfin, nous repoussons toute distinction entre la succession mobilière et la successisn immobilière. En vain invoque-t-on l'article 3 § 2 du Code civil. L'intérêt de la propriété foncière n'est pas en jeu, et ce qui le prouve bien, c'est que la loi Française permet de déroger à la dévolution légale. Tout au plus y aurait-il lieu de donner une solution différente sur la question du droit de réserve. L'article 7 du Code civil italien est conçu dans les mêmes termes que l'article 3 de notre Code civil, ce qui n'a pas empêché le législateur d'ajouter dans l'article suivant que les successions doivent être régies par la loi nationale du de cujus, quelle que soit la nature des biens.

Veut-on voir dans la loi sur les successions une loi d'ordre public? Mais alors, il faudrait, dans cette opinion, décider, sans distinction aucune, que les successions tant mobilières qu'immobilières doivent être soumises à la loi territoriale. La fortune mobilière est aujourd'hui fort importante et il n'est plus vrai de dire « res mobilis, res vilis ». Mais quand bien même on s'arrêterait à cette objection que semblent justifier un certain nombre de textes du Code civil, dans lesquels le législateur, subissant l'influence de la tradition, accorde la prépondérance à la fortune immobilière, il convient d'ajouter que le patrimoine est une « *universitas juris* », une entité juridique qui n'a pas d'existence matérielle. C'est un rapport de droit attaché à la personne du défunt et dont la transmission doit s'opérer conformément à la loi nationale du défunt. Mais le point de départ du système ne nous

semble pas exact. Il est très vrai que le régime des successions suit le mouvement des fluctuations politiques, que
l'ancien droit admettait tout un système de privilèges
que notre droit a aboli au nom du grand principe de
l'égalité. Mais ce qui est vrai des successions n'est-il donc
pas vrai de toutes les institutions et les mœurs d'une
nation ne se reflètent-elles donc pas sur toutes les parties
de sa législation? Mais l'argument décisif est qu'une
loi à laquelle il est permis de déroger n'est pas une loi
d'ordre public.

En résumé, nous pensons que sur ce premier point :
« L'enfant naturel peut-il succéder à son père, en
France ? » il y a lieu de s'en tenir à la loi nationale du
défunt, mais qu'il faut, au contraire, s'en tenir à la loi
Française pour toutes les questions d'incapacité dont la
solution découle de dispositions impératives et d'ordre
public. Peu importe, selon notre opinion, qu'il s'agisse de
successions mobilières ou de successions immobilières.
Le système de la jurisprudence fait naître dans les liqui-
dations des difficultés inextricables que la pratique est le
plus souvent impuissante à résoudre.

Quoiqu'il en soit, la jurisprudence est certaine. Il est
pourtant permis d'augurer que le système de la jurisprudence, condamné par la grande majorité des auteurs et
qui s'appuie sur la théorie surannée des statuts réels et
des statuts personnels, n'est pas une interprétation définitive. La jurisprudence Allemande s'est déjà arrêtée à

l'opinion que nous avons défendue et qui a pour elle l'appui des plus grands jurisconsultes de l'époque (1).

Plusieurs traités, cédant comme la jurisprudence Française à l'influence traditionnelle, consacrent la distinction entre les successions mobilières et les successions immobilières (2).

### SECTION III. — **Projets de réforme législative.**

La tendance actuelle en Europe est favorable aux enfants naturels. Le projet de revision du Code belge et le projet de Code civil pour l'empire d'Allemagne sont tout particulièrement la preuve de cette évolution.

Le projet de Code civil allemand établit une distinction entre la succession paternelle et la succession maternelle. Vis-à-vis du père, l'enfant naturel n'a droit qu'à des aliments et seulement jusqu'à l'âge de quatorze ans accomplis ; vis-à-vis de la mère, l'enfant naturel a les mêmes droits qu'un enfant légitime ; aucune place à part n'est

(1) Renault, J. Clunet, 1875, p. 822.

Despagnet, *Précis de droit international*, p. 479.

Weis, *Traité de droit international*.

*Loi Italienne*, C. civ., art. 8.

*Canton de Zurich*, art. 3, § 2.

Laurent, tome VI, nº 128.

(2) *Traité Franco-Autrichien* du 11 déc. 1866, art. 2, § 1.

*Franco-Russe*, avril 1874, art. 10, § 1.

faite dans ce projet aux enfants adultérins et incestueux (1571, 1573, 1575, 1576). Il faut remonter au droit Romain pour rencontrer un système aussi absolu et aussi exclusif, et encore la législation Romaine finit-elle par accorder des droits dans la succession paternelle et prononcer des incapacités contre les enfants issus de relations criminelles. Le système Allemand nous paraît bien difficile à justifier, alors qu'il ne repose pas sur la différence de l'agnation et de la cognation qui servait d'explication à la théorie Romaine des successions. L'exclusion de la succession paternelle peut sembler barbare et en contradiction avec les droits de l'enfant naturel dans la succession maternelle qui sont au contraire un grave danger pour l'institution du mariage (1).

Nous restons, en France, sous l'empire du Code de 1804. On reproche à cette législation d'être à la fois trop rigoureuse et arbitraire. La loi sur les droits de succession des enfants naturels est en outre tout entière empreinte d'hésitation et manque d'unité. D'autre part, beaucoup de textes ont une rédaction incomplète ou vicieuse, et ce n'est pas un des moindres reproches qu'on puisse faire au législateur de 1804, d'avoir manqué de clarté dans une matière d'une aussi grande importance.

Plusieurs projets de loi ont été déposés, et l'un d'eux,

_______

(1) Bufnoir, *Etude sur le droit de famille dans le projet de Code civil Allemand* (Bulletin de la Société de législation comparée, n° du 7 juillet 1890).

De la Grasserie, *Traduction du projet de Code civil Allemand.*

déjà voté à la Chambre des Députés, est actuellement
soumis aux délibérations du Sénat (1). Parmi ces projets,
les uns augmentent les droits de succession des enfants
naturels, les autres suppriment toute incapacité et assimilent les enfants naturels aux enfants légitimes ; tous
proviennent d'un mouvement de réaction contre la
rigueur excessive du Code civil. La loi du 12 brumaire,
an II, assimilait les enfants naturels aux enfants légitimes ; une proposition, dont l'auteur est M. Naquet,
revient aux dispositions de cette loi. L'exposé des motifs
porte que, dans la législation actuelle, le père se voit
contraint de refuser à l'enfant naturel son nom et le titre
de fils, s'il veut lui assurer toute sa fortune et le produit
de son travail et de ses économies ; que les dispositions
légales fort désavantageuses aux enfants naturels
aussi bien qu'à leurs auteurs, ont pour conséquence
nécessaire d'éloigner les parents naturels de la pensée
de reconnaître leur enfants nés hors mariage ; que
l'auteur naturel, pour adopter plus facilement l'enfant
naturel, renoncera au mariage et se trouvera ainsi exposé
à une vie irrégulière. M. Naquet ajoute que la loi est
non seulement imparfaite, qu'elle est encore immorale.
Pour lui permettre d'accomplir un devoir, elle expose
un homme de cœur à manquer à un autre. L'auteur de
la proposition, jetant un coup d'œil en arrière, constate
que le législateur, par la loi du divorce, a pansé bien des
plaies et appelle la modification de la pénible situation

(1) Loi votée à la Chambre des Députés le 21 juillet 1893.

faite aux enfants naturels. On peut, en effet, associer dans une même idée le rétablissement du divorce à la suppression de toutes les incapacités qui frappent les enfants naturels. Sans méconnaître les raisons puissantes qui militent en faveur de ces deux conceptions législatives, il est permis d'avouer que l'une et l'autre sont une atteinte portée à la vieille institution du mariage et à l'organisation traditionnelle de la famille. Mais est-il vrai de dire que les reconnaissances seront plus nombreuses lorsque la condition des enfants naturels sera assimilée à celle des enfants légitimes? On peut augurer au contraire que du jour où les effets de la reconnaissance seront plus étendus, les reconnaissances deviendront encore plus rares. S'il existe des pères qui évitent de reconnaître pour donner davantage à leurs enfants naturels, le plus grand nombre des auteurs naturels se soustraient au devoir de la reconnaissance pour échapper aux effets qu'elle entraîne. Quant à l'argument tiré de la volonté d'adopter, il nous paraît exagéré de voir, dans la législation actuelle, un encouragement au célibat et à la vie irrégulière. Les adoptions ne sont que l'exception, et s'il est vrai que la réforme doive augmenter le nombre des reconnaissances, on peut présumer que les mariages deviendront plus rares, la reconnaissance étant déjà, par elle-même, dans les mœurs actuelles un obstacle au mariage. La proposition de loi de M. Naquet ne contient que 4 articles : le premier abroge les articles 756, 757, 758, 759, 766 et 908 du Code civil. Déjà, en étudiant la réserve des enfants naturels, nous avons constaté l'insuffisance du texte. Que deviennent dans ce projet les articles 337 et 761 du Code civil dont il n'est pas parlé et pourquoi ne pas modifier les articles qui font naître tant de controverses sur l'existence et la nature de la réserve de l'enfant naturel? Il semble bien que l'article 756 tranche la difficulté en décidant que les enfants naturels reconnus auront les mêmes droits de successibilité que les enfants légitimes. Mais la rédaction laisse place à l'équivoque et le champ libre aux controverses. Les autres articles du projet s'occupent des droits à la succession ab intestat de l'enfant naturel.

Le 28 octobre 1888, MM. Letellier, Rivet et Julien déposèrent sur le bureau de la Chambre des Députés un projet accordant aux enfants naturels les mêmes droits qu'aux enfants légitimes dans la succession de leurs père et mère ; le même projet les exclut de la succession des parents de leurs père et mère. La Chambre des Députés repoussant le projet d'assimilation, a voté récemment une loi augmentant les droits de succession dans une très notable proportion (1). Cette loi accorde aux enfants

(1) Rapport sommaire par M. Letellier, le 24 juillet 1890. *(Journal Officiel*, annexe, p. 1630).

Prise en considération le 3 février 1891.

Nomination de la Commission le 17 février 1891.

Rapport de M. Julien, le 16 novembre 1891. *(Journal Officiel*, annexe de la Chambre, p. 2773).

Première délibération le 10 mai 1893 ; deuxième délibération et adoption le 24 juillet 1893.

naturels la 1/2 de la part héréditaire qu'ils auraient eue
comme enfants légitimes, lorsqu'ils viennent en concours
avec des descendants légitimes ; la 1/2 de la succesion
en pleine propriété et la nu-propriété de l'autre moitié
vis-à-vis des ascendants ; la totalité de la succession au
regard des collatéraux. La réserve des enfants naturels
est fixée par la nouvelle loi à la 1/2 de celle des enfants
légitimes. La capacité de succéder par testament est d'une
part d'enfant légitime, en présence des descendants légitimes, sans que cette part puisse excéder celle d'enfant
légitime, le moins prenant.

Il s'en faut de beaucoup que le texte de cette loi tranche
les nombreuses controverses que nous avons étudiées.
Que faudra-t-il notamment décider en cas de concours de
plusieurs enfants naturels ? Faudra-t-il tenir compte de la
règle « dimidia paternis, dimidia maternis », en cas de
concours d'un enfant naturel avec des ascendants dans
une ligne, des collatéraux dans l'autre !

La question sera reprise au Sénat, les partisans du
système de l'assimilation n'ont pas renoncé à le faire
adopter. Une nouvelle proposition de loi a été déposée au
Sénat par MM. Demôle et Tolain. L'enfant naturel légalement reconnu, dit l'article 9 de ce projet, appelé à la succession testamentaire ou ab intestat de son auteur, sera
considéré, quant à la quotité des droits comme descendant légitime et parmi les articles abrogés par le texte
suivant, nous relevons l'article 761. Le même projet
modifie l'article 724 en accordant aux enfants naturels le

bénéfice de la saisine. Les enfants naturels demeurent exclus de la succession des enfants de leurs père et mère.

## CONCLUSION

Que retenir de tous ces projets, et comment prendre parti en présence de telles divergences?

Il est une réforme que nous considérons comme nécessaire, celle de l'article 340 du Code civil, interdisant toute recherche de la paternité naturelle. C'est la réforme qui doit être étudiée préalablement à toute autre. Il convient de tarir les sources de misère dont la société souffre aujourd'hui et l'état ne doit pas assumer les responsabilités encourues par les particuliers. Poursuivre par tous les moyens celui qui se dérobe aux devoirs de la paternité : tel doit être le but constant de l'attention du législateur, qui doit assurer à chacun le bénéfice de ses droits et veiller à l'harmonie des forces sociales. Tout enfant doit pouvoir demander des comptes à l'auteur de ses jours et il est inique que le fardeau de la paternité retombe uniquement sur la femme. On crie déja au scandale et on rappelle les tentatives multiples de chantage qui ont amené le vote de l'article 340 du Code civil. La preuve de la paternité est impossible, dit-on, et vous allez créer de véritacles agences de délation. Nous ne nions pas que des abus se soient produits sous la législation de l'ancien régime, mais il convient, lorsqu'une législation est imparfaite, de l'améliorer, non de la supprimer. De sages précautions peuvent être prises pour éviter les écueils de la recherche de la paternité. C'est le moment de jeter un coup d'œil autour de nous et de voir combien de législations étrangères admettent, d'une façon plus ou moins large, la recherche de la paternité. M. Léon Lallemand rend compte d'un ouvrage sur les enfants naturels, réclamant, au nom de la philosophie, de l'intérêt social et du droit positif, la réforme de l'article 340, qui ne peut rien et n'a rien fait pour protéger les mœurs (1). L'auteur de cet ouvrage cite un grand nombre de législations qui admettent la recherche de la paternité naturelle. Quand ferons-nous de même et qu'attendons-nous pour entrer dans cette voie de justice et de progrès ? Toute autre est la question des droits de succession des enfants naturels. Nous croyons que les droits des enfants naturels peuvent être étendus et nous nous associons à la loi votée par la Chambre des Députés. Il aurait fallu, préalablement, modifier l'article 340 du Code civil, la loi risque autrement de se retourner contre

(1) *Bulletin de la Société de Législation comparée*, 1892-1893, p. 355. Compte rendu par M. Léon Lallemand, d'un ouvrage intitulé : *De la condition juridique des enfants naturels dans le passé, dans le présent et dans l'avenir*. L'auteur cite les pays qui admettent la libre recherche : Angleterre, Écosse, Finlande, Norwège, Danemarck, Espagne, Suisse, Allemagne, États-Unis, Pérou, République Argentine. D'autres législations admettent la recherche dans certains cas déterminés : Italie, [Portugal, Mexique, Louisiane. (M. Augée-Dorlhac, ouvrage publié en 1894).

les enfants naturels qui seront moins souvent reconnus,
de crainte des conséquences. Mais nous combattons tout
projet tendant à l'assimilation. La réduction des droits
des enfants naturels est nécessaire pour assurer la protection du mariage : « Et ita ut potius legitimorum liberorum procreationis studeant », disait le droit Romain. Les
projets d'assimilation absolue ne sont qu'une des applications particulières d'une tendance plus générale. Diminu-
tion de l'autorité maritale par la loi de 1893 sur la séparation de corps, projet de suppression des peines contre
l'adultère, augmentation croissante du nombre des divor-
ces : c'est le siège de la vieille citadelle, qui, attaquée
sur plusieurs points, risque de s'en trouver fortement
ébranlée.

# POSITIONS

---

## DROIT ROMAIN.

I. — Les enfants issus du concubinat ne pouvaient pas invoquer dans la succession paternelle, le bénéfice de la bonorum possessio unde cognati.

II. — Le concubinat était une union tolérée par la loi, mais dépourvue de tout caractère légal.

III. — L'adrogation des enfants naturels fut licite jusqu'à la réforme de l'empereur Justin.

IV. — Les enfants naturels posthumes étaient appelés par le préteur à la bonorum possessio unde cognati.

V. — La litis-contestatio n'opérait pas une novation proprement dite.

VI. — L'obligation du fidéjusseur contractée « *in duriorem causam* » était nulle pour le tout.

VII. — Le pupille, devenu créancier civil de son créancier [naturel, ne pouvait pas se voir opposer en compensation sa dette naturelle.

VIII. — La femme pouvait valablement consentir à l'hypothèque du fonds dotal constituée par le mari, lorsqu'il s'agissait d'une dette qui la concernait personnellement et la prohibition de la loi n'était qu'une conséquence de la défense faite à la femme d' « *intercedere pro alio* ».

## DROIT CIVIL.

I. — La saisine ne concerne que l'exercice des actions et droits héréditaires.

II. — Les libéralités faites aux enfants naturels non reconnus ne peuvent pas être attaquées pour cause illicite.

III. — L'enfant naturel n'est pas le continuateur de la personne du défunt.

IV. — La présence d'un enfant naturel ne met pas obstacle à l'ouverture du droit de retour de l'ascendant donateur.

V. — La possession d'état n'est pas admise comme moyen de preuve dans l'action en recherche de la maternité naturelle.

VI. — Un ouvrier serait fondé à demander des dommages et intérêts, si, sur son refus de faire partie d'un syndicat professionnel, les membres de ce syndicat le faisaient congédier en menaçant le patron de faire grève. La grève devient une faute dont on doit réparation par application de l'article 1382. C. civ., dès qu'elle est inspirée par des mobiles étrangers aux intérêts professionnels.

VII. — L'emphythéose est un droit réel, susceptible d'hypothèque.

VIII. — La vente de la chose d'autrui n'est pas nulle, mais seulement annulable.

## DROIT CONSTITUTIONNEL

I. L'Assemblée nationale qui élit le Président de la République agit comme mandataire du peuple, et le Président de la République n'est pas l'homme des Chambres, bien qu'il soit nommé par elles.

II. Le scrutin de liste est l'expression la plus exacte du suffrage universel.

## LÉGISLATION INDUSTRIELLE

Il convient de n'admettre qu'avec une très grande prudence tout projet de loi limitant les jours et les heures de travail. Toute réglementation de cette nature, risque d'être préjudiciable à la classe ouvrière, si elle n'a fait l'objet préalable d'une entente internationale.

## DROIT ADMINISTRATIF

Les personnes civiles n'ont que les droits qui leur ont été conférés par la loi qui les a créées et la limite de leur capacité est basée sur le principe de la spécialité.


Vu :
*Par le Président,*
GLASSON.

                              Vu :
                              *Par le Doyen,*
                              COLMET DE SANTERRE.


Vu et permis d'imprimer :
*Le Vice-Recteur de l'Académie de Paris,*
GRÉARD.

# TABLE DES MATIÈRES

## DEUXIÈME  PARTIE

### DES DROITS DE SUCCESSION DES ENFANTS NATURELS DANS LA LÉGISLATION FRANÇAISE

Grande Imprimerie de Blois. — PAUL GIRARDOT & C<sup>ie</sup>